Títulos en esta serie

NUESTRA HISTORIA
AÚN SE ESTÁ ESCRIBIENDO

Nuestra historia
aún se está escribiendo

LA HISTORIA DE TRES
GENERALES CUBANO-CHINOS
EN LA REVOLUCIÓN CUBANA

Armando Choy

Gustavo Chui

Moisés Sío Wong

Pathfinder

Nueva York   Londres   Montreal   Sydney

Editado por Mary-Alice Waters

ISBN-10: 0-87348-979-9
ISBN-13: 978-0-87348-979-9
Library of Congress Control Number
(Número de control de la Biblioteca del Congreso): 2005909295
Manufactured in the United States
Impreso y hecho en Estados Unidos

Primera edición, 2005

DISEÑO DE PORTADA: Eva Braiman
FOTO DE LA PORTADA: Miembros de la Alianza Nueva Democracia
    China en mitin en La Habana, 2 de septiembre de 1960.
    Organizado en respuesta a los intentos de Washington de
    alinear a los gobiernos de América Latina contra Cuba, el
    mitin de más de un millón de personas aprobó una respuesta
    a los gobernantes norteamericanos conocida como la Primera
    Declaración de La Habana.

Pathfinder
www.pathfinderpress.com
Correo electrónico: pathfinder@pathfinderpress.com

Contenido

Apéndice

CUITO CUANAVALE:
UNA VICTORIA PARA TODA ÁFRICA

Introducción

MARY-ALICE WATERS

N<small>UESTRA</small> <small>HISTORIA</small> <small>AÚN</small> <small>SE</small> <small>ESTÁ</small> <small>ESCRIBIENDO</small> añade un capítulo más a la crónica de la Revolución Cubana según la narran los que estuvieron —y que más de 50 años después se mantienen— en las primeras filas de esta batalla épica. Armando Choy, Gustavo Chui y Moisés Sío Wong, tres jóvenes rebeldes de ascendencia cubano-china, llegaron a ser combatientes en la lucha clandestina y en la guerra revolucionaria de 1956–58 que tumbó a la dictadura de Fulgencio Batista respaldada por Washington y abrió la puerta a la revolución socialista en América. En el transcurso de una vida de acción revolucionaria, cada uno llegó a general en las Fuerzas Armadas Revolucionarias de Cuba. A través de sus historias se revelan las fuerzas económicas, sociales y políticas que dieron origen a la nación cubana y que aún dan forma a nuestra época.

Millones de seres humanos comunes y corrientes como ellos —"hombres y mujeres que surgen de la nada" a quienes los gobernantes ni siquiera pueden ver— sencillamente

Mary-Alice Waters, presidenta de la editorial Pathfinder, es directora de *New International* (Nueva Internacional), una revista de política y teoría marxistas. Ha editado más de una docena de libros de entrevistas, escritos y discursos de dirigentes de la Revolución Cubana.

rehusaron aceptar un futuro sin dignidad ni esperanza, rehusaron conformarse con menos de lo que habían soñado. Entraron marchando a la palestra de la historia y cambiaron su curso, convirtiéndose a la vez en seres humanos diferentes. La sugerencia original de hacer este libro provino de Harry Villegas, él mismo un general de brigada de las Fuerzas Armadas Revolucionaras de Cuba así como Héroe de la Revolución Cubana. Villegas es hoy día vicepresidente ejecutivo de la Dirección Nacional de la Asociación de Combatientes de la Revolución Cubana. Por el mundo se le conoce como "Pombo", nombre de guerra que en 1965 le puso el dirigente revolucionario cubano-argentino Ernesto Che Guevara cuando juntos pelearon al lado de las fuerzas antiimperialistas en el Congo y en el curso de los dos años siguientes también en Bolivia.

En febrero de 2002, los editores de la Pathfinder acabábamos de completar el trabajo sobre *De la sierra del Escambray al Congo: en la vorágine de la Revolución Cubana* por Víctor Dreke. El libro había tenido buena acogida en la Feria Internacional del Libro de La Habana y en animados encuentros a través de la antigua provincia de Las Villas en Cuba central, organizados con la colaboración de la Asociación de Combatientes de la Revolución Cubana. Ya estábamos bastante avanzados en la preparación de otros dos títulos relacionados con la Revolución Cubana y el lugar que ésta ocupa en el mundo: *October 1962: The 'Missile' Crisis as Seen from Cuba* (Octubre de 1962: la crisis 'de los misiles' vista desde Cuba) por Tomás Diez; y *Marianas en combate,* la historia de la mujer oficial de más alto grado en Cuba, la general de brigada Teté Puebla, y del Pelotón Femenino Mariana Grajales en la guerra revolucionaria cubana.

Planeando con anticipación, como hace un oficial competente, Villegas nos invitó a la sede nacional de la Asociación de Combatientes y nos presentó a Armando Choy, Gustavo

Chui y Moisés Sío Wong. *Nuestra historia aún se está escribiendo* es resultado del trabajo que comenzó ese día.

■

Los tres jóvenes cubano-chinos de edades similares crecieron en distintas partes de Cuba, bajo condiciones de clase y entornos sociales diferentes. Cada cual por su propia senda, los tres llegaron al mismo curso de acción revolucionario. Se volcaron a la gran batalla proletaria que definió a su generación: la lucha por derrocar a la tiranía batistiana y defender la soberanía e independencia de Cuba contra el embate del imperio del norte.

La importancia y el peso histórico de la inmigración china a Cuba a partir de mediados del siglo XIX se desprende de sus relatos. En proporción con la población, la inmigración china a Cuba fue más grande que en cualquier otra parte de América, incluido Estados Unidos. De hecho, miles de trabajadores chinos, traídos para construir las vías férreas en el oeste de Estados Unidos, emigraron después a Cuba esperando encontrar mejores condiciones de vida y de trabajo.

El lucrativo tráfico de decenas y decenas de miles de campesinos chinos —su apresamiento, su transporte en barcos de la muerte hacia Cuba, su trabajo en servidumbre en las plantaciones azucareras para suplementar el abastecimiento menguante de esclavos africanos— y sobre todo su resistencia, sus luchas y su intachable historial de combate en las guerras cubanas de independencia de 1868–98 contra España: todo esto se bosqueja aquí en sus perfiles más amplios. Es una historia en gran parte desconocida fuera de Cuba.

Lo que se presenta, sin embargo, no es solo historia. Es uno de los hilos indispensables de Cuba revolucionaria hoy: desde la opresión racista de los chinos así como de los negros

antes de 1959, hasta las medidas tomadas por el gobierno popular revolucionario encabezado por Fidel Castro para poner
fin a esta discriminación y combatir su legado, pasando por
la integración de cubanos de origen chino en todos los niveles de la vida social y política actual. Como plantea Sío Wong
tan contundentemente, la medida más grande que se tomó
contra la discriminación "fue hacer la revolución".
"La comunidad china de aquí es distinta de la de Perú, Brasil, Argentina o Canadá", subraya. "Y la diferencia está en el
triunfo de una revolución socialista".

■

El derrocamiento revolucionario de la dictadura de Batista
no representó el fin de esa historia. Era el comienzo. El pueblo
trabajador de Cuba comenzó a construir una nueva sociedad
que le planteó una "afrenta" intolerable a las prerrogativas
del capital. Por casi medio siglo han mantenido a raya a la
potencia imperialista más fuerte que jamás ha de acechar el
globo. Al hacerlo, los trabajadores y campesinos cubanos y su
gobierno se han convertido en un faro y aliado para los que,
en todas partes del mundo, procuran aprender a luchar para
transformar su vida: y a luchar para *ganar*.

Entre las muchas responsabilidades asumidas por Choy,
Chui y Sío Wong a lo largo de los años, tanto en las Fuerzas
Armadas Revolucionarias como en tareas estatales y en la dirección del Partido Comunista de Cuba, se destaca su participación en las misiones internacionalistas cubanas en el exterior.

"Porque nuestro sistema es socialista en su carácter y compromiso", explica Choy, los revolucionarios en Cuba siempre
han procurado actuar "en función de los intereses de la mayoría de la humanidad que habita el planeta Tierra y no de
mezquinos intereses individuales ni incluso sencillamente

de los intereses nacionales de Cuba".

Cada uno de ellos cumplió misión en Angola en distintos momentos entre 1975 y 1988, cuando Cuba respondió a la solicitud de ayuda del gobierno angolano —que apenas lograba su independencia de Portugal— para derrotar una invasión lanzada por las fuerzas armadas del régimen sudafricano del apartheid con apoyo imperialista.

Chui ayudó a establecer misiones cubanas de asistencia militar en Nicaragua, Etiopía y Mozambique. Choy fue embajador en Cabo Verde de 1986 a 1992. Sío Wong, presidente de la Asociación de Amistad Cubano-China, ha ayudado a los trabajadores y campesinos de Venezuela en sus esfuerzos por establecer y ampliar la agricultura urbana a pequeña escala.

La historia completa de los 16 años de la misión internacionalista cubana en Angola aún queda por contarse. Incluso en Cuba todavía no se encuentra disponible un recuento global. Pero las experiencias y valoraciones de primera mano que ofrece aquí cada uno de estos tres generales nos brindan percepciones de ese importante período de la historia de África austral que difícilmente se encuentran fuera de Cuba. Sus narrativas se refuerzan con fragmentos de discursos ofrecidos por el presidente cubano Fidel Castro en diciembre de 1988 y por Nelson Mandela y Castro en Matanzas, Cuba, en julio de 1991, reproducidos en el apéndice. Se presenta de manera impactante la importancia para África y el mundo del triunfo en marzo de 1988 de las fuerzas cubano-angolanas sobre el ejército del apartheid sudafricano en la batalla de Cuito Cuanavale.

■

Nuestra historia aún se está escribiendo —el título viene de Chui— capta la perspectiva revolucionaria y la continua intensidad de trabajo de los tres protagonistas del libro. En la sección final, "El Período Especial y más allá", cada uno de ellos mira hacia el futuro.

Hoy día Choy encabeza el masivo proyecto multifacético y multianual, que describe aquí, para sanear la Bahía de La Habana y transformar la infraestructura del puerto de La Habana, por el cual pasa un 70 por ciento de las importaciones de Cuba y un 90 por ciento de sus exportaciones, exceptuando el azúcar y el níquel. Es una tarea irremplazable para el desarrollo económico y social de Cuba.

Sío Wong mantiene la responsabilidad que asumió hace casi 20 años como presidente del Instituto Nacional de Reservas Estatales. Es una tarea decisiva no solo para la actual defensa militar de la revolución, sino para la capacidad del gobierno cubano de responder —en marcado contraste a todos los niveles con el gobierno capitalista de Estados Unidos— a las necesidades de la población en momentos de desastres naturales como los huracanes Dennis y Wilma, que azotaron a la isla este año.

Chui ha cargado desde 1990 con responsabilidades nacionales en la fundación y la dirección de la Asociación de Combatientes de la Revolución Cubana. Esa organización, hoy integrada por más de 300 mil cubanos con décadas de experiencia como columna vertebral de la revolución —desde cuadros del Ejército Rebelde y de la lucha clandestina contra la tiranía de Batista, hasta jóvenes médicos y maestros que completan misiones internacionalistas por todo el mundo, así como los cinco Héroes de la Revolución Cubana a quienes les fabricaron cargos de conspirar para cometer espionaje y asesinato, y quienes ahora cumplen condenas draconianas en las prisiones federales de Estados Unidos— es responsable de un programa de educación política que llega a cada escuela y barrio del país.

Según deja claro cada uno de estos tres generales, el futuro no le será decidido al pueblo trabajador de Cuba, lo decidirá él mismo.

■

Nuestra historia aún se está escribiendo, editado simultáneamente en inglés y español, adquirió forma en un período de casi cuatro años. Es producto de una serie de entrevistas, algunas colectivas y otras individuales, realizadas en febrero de 2002 y en 2004, y completadas en febrero y agosto de 2005. Al preparar el libro para ser publicado, hemos limado, en la medida posible, las discrepancias de tiempo y las circunstancias que eran un resultado inevitable de esta larga gestación.

Cuando comenzamos, por ejemplo, Sío Wong, al igual que Choy y Chui, estaba en la reserva como oficial de las Fuerzas Armadas Revolucionarias de Cuba. Para el momento de nuestra última entrevista a mediados de agosto de 2005, lo habían llamado de nuevo al servicio activo. El enorme esfuerzo comprendido bajo el rubro de saneamiento, conservación y desarrollo de la Bahía de La Habana, avanzó bastante en el transcurso de esos cuatro años. El daño causado por el huracán Michelle en 2001 fue igualado o superado por otra media docena de tormentas de envergadura, desde Iván hasta Charley y Dennis.

Lo que es más importante, los conflictos entre las clases en contienda a escala internacional que se han intensificado estos últimos cuatro años han abierto una nueva situación política a nivel mundial. La ofensiva política imperialista, encabezada por Washington, ha avanzado bajo la bandera de la "guerra global contra el terrorismo" y de la "transformación" de la actividad militar de los gobernantes norteamericanos y sus aliados desde el Medio Oriente hasta el Pacífico, desde

África hasta Europa y el propio "suelo nativo" norteamericano. En respuesta a la trayectoria del partido bélico bipartidista y a los ataques cada vez más agudos de los magnates del capital, la resistencia del pueblo trabajador, dentro y fuera del país, también se está transformando.

En nuestro hemisferio, los desafíos afrontados y superados por los trabajadores y campesinos combativos de Venezuela han cambiado la ecuación política. Ante la agresión inevitable del imperio del norte, lo que está en juego va aumentando considerablemente: tanto para nosotros como para las vanguardias combativas de los pueblos de Cuba, Venezuela y toda América.

■

Arrin Hawkins, Martín Koppel, Luis Madrid y Michael Taber participaron conmigo en una o más de las entrevistas que nos dieron este libro. Michael Taber supervisó la traducción al inglés y preparó el glosario, la anotación y el índice. Luis Madrid se responsabilizó del original en español.

La producción de estos dos libros —desde la transcripción hasta la traducción inicial, desde la composición, corrección y preparación de los archivos digitales a ser impresos hasta la distribución— ha sido obra de más de 200 voluntarios en el mundo que ofrecen su tiempo y sus capacidades a través del Proyecto de Impresión de Pathfinder.

Corresponde una nota especial de agradecimiento a la Biblioteca Nacional "José Martí" en La Habana, incluidos su director Eliades Acosta, la subdirectora Teresita Morales y la veterana bibliotecaria Lisia Prieto, responsable de los archivos que comprenden la colección de materiales de la biblioteca relacionados con la inmigración china a Cuba. La ayuda del personal de la biblioteca fue indispensable para localizar y reproducir varios de los gráficos que dan vida a estas páginas.

Otras fotos y gráficos históricos fueron localizados con la ayuda de Delfín Xiqués de *Granma*, Manuel Martínez de *Bohemia*, Milton Chee de San Francisco, California, y por esfuerzos individuales de los generales Choy, Chui y Sío Wong.

Iraida Aguirrechu, encargada de política actual en la Editora Política, editorial del Partido Comunista de Cuba, participó en cada etapa de todas las entrevistas. Sin su determinación, diligencia, preocupación por la exactitud y la atención a los detalles, este libro no habría visto la luz del día.

Por último, y sobre todo, van nuestras gracias a los generales Armando Choy, Gustavo Chui y Moisés Sío Wong por las innumerables horas que cada uno dedicó al trabajo necesario para la realización de este libro.

Estamos seguros de que lo recibirán agradecidos aquellos a quienes se dedica: las nuevas generaciones de combativos "hombres y mujeres que surgen de la nada" que hoy emergen por el mundo, para quienes el ejemplo de la revolución socialista cubana muestra el camino a seguir.

Noviembre de 2005

Cuba

0   80   100 kilómetros

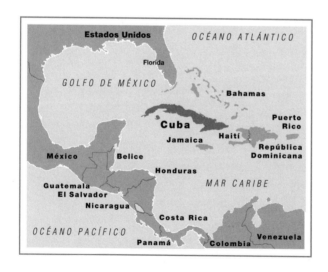

CIEGO
DE
ÁVILA

ᴱGO DE ÁVILA

CAMAGÜEY

C A M A G Ü E Y

VICTORIA DE
LAS TUNAS

L A S
T U N A S

HOLGUÍN

H O L G U Í N

MAYARÍ

MOA

BAYAMO

MANZANILLO

YARA

PALMA SORIANO

G U A N T Á N A M O

G R A N M A

S I E R R A   M A E S T R A

GUANTÁNAMO

SANTIAGO DE CUBA

S A N T I A G O   D E   C U B A

BASE NAVAL NORTEAMERICANA

LA HABANA   MATANZAS

PINAR DEL RÍO

LAS VILLAS

CAMAGÜEY

ORIENTE

**Principales ubicaciones
de las sociedades chinas
en Cuba entre 1874 y 1959**

Basado en mapa preparado por la Fundación Fernando Ortiz

Armando Choy durante
entrevista, febrero de
2004.

Arriba, como miembro de uno de los tribunales
revolucionarios que juzgaron a cientos de asesinos
y torturadores del régimen batistiano en los
primeros meses tras el triunfo de la revolución.
A la izquierda de Choy están el capitán Miguel
Duque Estrada y el comandante Víctor Bordón.

Como embajador ante Cabo Verde, 1991.

Armando Choy

NACIDO EN 1934 EN FOMENTO, provincia de Las Villas, Armando Choy Rodríguez se mudó con su familia a Santa Clara a la edad de 14 años.

Tras el golpe militar dado en 1952 por Fulgencio Batista, Choy se incorporó a la organización antibatistiana Joven Patria. Fue uno de los miembros fundadores del Movimiento 26 de Julio en 1955. A comienzos de 1958 pasó a ser dirigente provincial del Frente Estudiantil de la organización en la provincia de Las Villas y jefe de Acción y Sabotaje. El 9 de abril de 1958, estuvo al frente de un grupo armado que participó en el intento ese día de una huelga general nacional. Por sus acciones revolucionarias estuvo preso seis veces.

En mayo de 1958 se integró a una unidad guerrillera del Movimiento 26 de Julio en la sierra del Escambray dirigida por el comandante Víctor Bordón. En octubre, al llegar al Escambray la Columna 8 del Ejército Rebelde, al mando del comandante Ernesto Che Guevara, la unidad de Bordón pasó a formar parte de ella. El 26 de diciembre, Guevara ascendió a Choy a capitán, el tercer grado más alto en el Ejército Rebelde.

Después de la caída de la dictadura el primero de enero de 1959, Choy se desempeñó en los tribunales revolucionarios que juzgaron a los criminales de guerra del régimen batistiano. A mediados de 1959, cuando se crearon tres fuerzas del Ejército Rebelde en el oriente, el centro y el occidente del país, pasó a ser segundo jefe del Regimiento de Infantería de la Fuerza Táctica Central. En 1960 encabezó la Milicia Nacional Revolucionaria en la provincia de Las Villas, cooperando a organizar allí la lucha contra las bandas contrarrevolucionarias.

A comienzos de 1961 Choy pasó al cargo de pagador del recién formado Ejército del Centro. Durante la invasión mercenaria apoyada por Washington en abril de 1961 en la Bahía de Cochinos —que fue derrotada 72 horas después en Playa Girón—, Choy dirigió una de las unidades que entraron en combate, el Batallón de Infantería no. 345, de la actual provincia de Sancti Spíritus.

Más tarde ese año se le envió a organizar la división de infantería de Sancti Spíritus, nombrándosele jefe y posteriormente de la de Trinidad, al frente de ambas. Allí participó en la campaña contra las bandas contrarrevolucionarias en la sierra del Escambray.

Ascendido a comandante en diciembre de 1962, Choy fue trasladado a la Defensa Antiaérea y Fuerza Aérea Revolucionaria (DAAFAR) en abril de 1963, y pasó a ser el jefe de su brigada coheteril antiaérea del Ejército de Occidente. En 1973 fue nombrado jefe de las tropas coheteriles antiaéreas y sustituto del jefe de la DAAFAR. Fue ascendido a general de brigada en noviembre de 1976.

Choy participó en la misión internacionalista en Angola durante 1980–81. A su regreso, fue asignado a cargos de dirección de la DAAFAR hasta diciembre de 1986, cuando fue nombrado embajador en la República de Cabo Verde, responsabilidad que desempeñó hasta 1992.

Actualmente preside el Grupo de Trabajo Estatal para el Saneamiento, Conservación y Desarrollo de la Bahía de La Habana. Organiza la administración del puerto de La Habana y es el delegado del ministro del transporte en el puerto.

Choy fue jubilado del servicio militar en las FAR en 1992. Es un miembro fundador del Partido Comunista de Cuba, y pertenece a la Asociación de Combatientes de la Revolución Cubana.

Gustavo Chui durante entrevista, febrero de 2002.

Dirigiéndose a la tropa en Angola, diciembre de 1987.

Con Fidel Castro, con motivo del ascenso de Chui (izquierda) a general de brigada, 1980. En medio están el general de división Francisco Cabrera y el general de brigada Línder Calzadilla.

Gustavo Chui

NACIDO EN 1938 EN SANTIAGO DE CUBA, Gustavo Chui Beltrán se integró al movimiento revolucionario cuando tenía 16 años. Estuvo activo en la clandestinidad urbana del Movimiento 26 de Julio en Santiago durante la primera etapa de la guerra revolucionaria.

En la primavera de 1958 subió a la Sierra Maestra para sumarse al Ejército Rebelde, donde participó en gran número de batallas como combatiente de la Columna 3, al mando de Guillermo García.

Días después de la victoria revolucionaria en enero de 1959, Chui fue designado al campamento de Managua en La Habana, bajo las órdenes del comandante Juan Almeida Bosque. Allí fue designado a un batallón de infantería y luego a una compañía de tanques. En julio de 1959 fue enviado a Bélgica para estudiar armamento de infantería. A su retorno en septiembre de 1960, ocupó el cargo de técnico en el Departamento de Materiales de Guerra en Managua. Posteriormente fue jefe de armamento de la Fuerza Aérea Revolucionaria.

En abril de 1961, fue designado jefe de armamento en la provincia de Pinar del Río, bajo las órdenes del comandante Ernesto Che Guevara. Allí estuvo encargado de armar a las unidades de la milicia y del ejército que combatieron a los bandidos contrarrevolucionarios y que pelearon en Playa Girón. Al año siguiente pasó a ser jefe de armamento del Ejército de Occidente. En 1965 fue segundo jefe de la Subdirección de Armamento de las Fuerzas Armadas Revolucionarias. Tres años después llegó a jefe de la Dirección de Armamento de las FAR.

En septiembre de 1971 fue nombrado segundo jefe de la Décima Dirección de las FAR, la unidad responsable de las misiones internacionalistas de Cuba. En diciembre de 1975, tras la caída en combate de Raúl Díaz Argüelles en Angola, Chui ocupó su lugar en la jefatura de la Décima Dirección. Simultáneamente ejerció el cargo de jefe del Puesto de Mando Especial del ministerio de las FAR, asistiendo al comandante en jefe Fidel Castro y al ministro de las FAR Raúl Castro en la conducción de la misión internacionalista de Cuba en Angola.

Posteriormente Chui fue segundo jefe de la comisión que estableció la misión militar cubana en Etiopía. También ayudó a crear las misiones militares cubanas en Mozambique y Nicaragua. En 1981 fue nombrado jefe de la dirección de cuadros de las FAR, encargada de la ubicación y control de los oficiales de las fuerzas armadas.

Desde 1983 hasta 1986 fue sustituto del jefe del Estado Mayor General de las FAR.

En 1986 Chui fue enviado a Angola como sustituto del jefe del estado mayor de la misión militar. En diciembre de 1987 fue nombrado jefe de la 90 Brigada de Tanques en Malanje. En marzo de 1988, mientras encabezaba un operativo de esta brigada en el norte de Angola, fue críticamente herido cuando su vehículo contactó con una mina antitanque, perdiendo una pierna.

Desde 1990, cuando la Asociación de Combatientes de la Revolución Cubana se organizó, primero a nivel experimental en Pinar del Río, y luego, desde su fundación como organización nacional en 1993, Chui ha estado encargado de finanzas y aseguramiento como parte de la dirección de la ACRC.

Fue jubilado del servicio militar en 1998. Chui es miembro fundador del Partido Comunista de Cuba.

Luis Madrid/Militant

Moisés Sío Wong
durante entrevista,
agosto de 2005.

Cortesía de Moisés Sío Wong

Enero de 1959, como miembro de la
Columna 8 del Ejército Rebelde.

Con Fidel Castro y Carlos Lage
(centro), marzo de 1996.

Cortesía de Moisés Sío Wong

Moisés Sío Wong

NACIDO EN 1938 EN LA PROVINCIA DE MATANZAS, Moisés Sío
Wong se trasladó con su familia a La Habana en 1947. Se integró a la lucha contra la dictadura batistiana como estudiante
de bachillerato, donde participó en manifestaciones y otras
acciones de protesta. Pasó a ser miembro del Movimiento
26 de Julio poco después de su fundación en 1955, y dirigió
su primera Brigada Juvenil en La Habana bajo el mando de
Gerardo Abreu (*Fontán*).

En 1957 se unió al Ejército Rebelde en la Sierra Maestra,
formando parte del pelotón de la comandancia de la Columna 1 encabezada por Fidel Castro. Participó en los combates
que derrotaron la ofensiva del ejército batistiano en 1958. En
agosto fue asignado a la Columna 8 dirigida por Ernesto Che
Guevara, y participó en la invasión realizada por la columna
desde la Sierra Maestra hasta la provincia de Las Villas.

Tras la victoria revolucionaria de enero de 1959, Sío Wong
fue ascendido a primer teniente y fue uno de los fundadores
de la policía militar del Ejército Rebelde. Durante la invasión
de Playa Girón en abril de 1961, era jefe de la Séptima División de Infantería, en Pinar del Río, al mando de Guevara.
Fundador del Ejército Occidental como primer Oficial de
Operaciones, Sío Wong pasó posteriormente a la Defensa
Antiaérea y Fuerza Aérea Revolucionaria (DAAFAR), donde

ocupó, entre otros cargos, el de jefe de la División del Centro. En 1965 fue nombrado ayudante de Raúl Castro, ministro de las Fuerzas Armadas Revolucionarias, responsabilidad que desempeñó por siete años.

En 1976 Sío Wong formó parte de la misión militar internacionalista cubana en Angola como jefe de logística. En noviembre de ese año fue ascendido a general de brigada. En 1982–85 fue jefe de la dirección de cuadros de las FAR, encargada de la ubicación y control de los oficiales de las fuerzas armadas.

En 1986 fue designado presidente del Instituto Nacional de Reservas Estatales (INRE), responsabilidad que mantiene hasta la fecha. En 1987–88 organizó el apoyo logístico de la misión cubana en Angola.

Miembro fundador del Partido Comunista de Cuba, Sío Wong es también presidente de la Asociación de Amistad Cubano-China. Como miembro de la Asamblea Nacional del Poder Popular y de su Comisión de Relaciones Internacionales, fue presidente del Grupo Parlamentario de Amistad con China. A comienzos de los años 90 fue impulsor del programa de agricultura urbana a pequeña escala que se ha extendido por toda Cuba. Desde 2003 ha fungido como asesor en un programa similar en Venezuela.

Jubilado del servicio activo en 1998, fue reactivado en 2005.

PARTE I

'LA DIFERENCIA ES UNA REVOLUCIÓN SOCIALISTA'

CHINOS EN CUBA

Miembros de la Alianza Nueva Democracia China en una concentración
en La Habana, 2 de septiembre de 1960. Organizada en respuesta a los intentos
de Washington de alinear a los gobiernos de América Latina contra Cuba,
la concentración aprobó una respuesta a Washington conocida como
la Primera Declaración de La Habana.

Tres revolucionarios

MARY-ALICE WATERS: Ustedes tres forman parte de la generación de jóvenes en Cuba cuyas luchas tumbaron a la dictadura batistiana respaldada por Washington a fines de los años 50 e instauraron el primer gobierno en las Américas que pelea por impulsar los intereses de las clases trabajadoras. Ustedes mismos se vieron transformados por la guerra revolucionaria y por la lucha por consolidar y defender el "primer territorio libre de América".

¿Cómo llegaron a ser cuadros de la revolución? ¿Cómo fue para cada uno de ustedes crecer en la Cuba prerrevolucionaria? ¿Qué tipo de discriminación enfrentaron por ser de ascendencia china? ¿Por qué se integraron al movimiento revolucionario?

ARMANDO CHOY

ARMANDO CHOY RODRÍGUEZ: Nací en el pueblo de Fomento en 1934, en lo que era entonces la provincia de Las Villas. Éramos cuatro, tres hembras y un varón.

Fomento era una zona muy rica en recursos agrícolas y minerales, quizás la más rica de Cuba. Allí había dos centrales azucareros. Era una gran zona tabacalera y había mucho café, y todavía es el caso. Mucho ganado también; reses que se traían para las ciudades a los mataderos. Había incluso minas de cobre.

Allí había una comunidad china grande, entre ellos había algunos muy fuertes económicamente. Varios de los grandes comercios eran de chinos. Un padrino mío y otro chino, por ejemplo, eran dueños del estadio de béisbol de Fomento. Él también era propietario de tiendas y casas. Después de 1959, los intereses de propiedad de mi padrino fueron afectados por las medidas sociales de la revolución y se fue a Estados Unidos.

Mi padre nació en China, y creo que llegó a Cuba allá por 1918. Lo trajo un tío, que tenía un comercio en el pueblo de Palos, en la provincia de La Habana, y tenía mucho dinero.

Mi padre es un caso raro. Él vino a Cuba, fue de regreso a China y volvió otra vez. Entre los chinos que emigraban a Cuba eso era muy raro. Es claro que él no habría podido hacer eso si su tío no hubiese tenido dinero.

En nuestra casa, cuando crecí, solo hablábamos español. Mi padre decía que no se aprendía a hablar chino si no se estudiaba en la escuela.

Mi madre no era china, era una mujer muy trabajadora. Era fanática de Eduardo Chibás, el líder del Partido Ortodoxo. Y mi padre también era su admirador. Todos los domingos a las ocho de la noche se ponía a escuchar el programa semanal de Chibás, que se empezó a transmitir desde finales de los años 40.

Para darles un ejemplo de cómo pensaba mi madre, cuando le dije que me iba a alzar, que me iba a unir a la lucha armada en la sierra para pelear contra la dictadura de Batista, solo me dijo, "Cuídate". No me dijo que no fuera, sino, "Cuídate".

Cuando tenía 14 años, en 1948, mis padres se mudaron a Santa Clara, la capital de la provincia de Las Villas. Por aquella época las actuales provincias de Sancti Spíritus, Cienfuegos y Villa Clara eran una sola provincia. En aquel entonces en Fomento solamente se podía ir hasta el sexto grado. Después nos mudamos para Santa Clara para que pudiera continuar mis estudios.

Martín Koppel: ¿Qué hacía su familia?

Choy: Mi padre era comerciante. Tenía su negocio, una bodega. Después pasó a ser viajante, es decir, representaba distintas casas importadoras. Después, cuando nos mudamos a Santa Clara, tenía un mini mercado.

Durante cinco años yo trabajaba en la bodega de día, y de noche estudiaba contabilidad en la escuela de comercio de Santa Clara. ¡Contabilidad! No tenía la vocación. Hubiera querido estudiar historia. Pero mi padre, pensando en el negocio, dijo que no.

Tengo un recuerdo de algo que ocurrió cuando trabajaba en la bodega de mi padre. Un día, cerca del mediodía, llegó un hombre al negocio de mi padre. Lo conocía porque siempre pasaba por allí. Esa vez, el hombre llegó llorando. No era algo fingido. Quería que yo le fiara una libra de harina de maíz, que era lo único que iban a almorzar ese día él, la mujer y los dos muchachos que tenía. Quería que yo le fiara una libra de harina. Y se la di.

Mi padre me dijo, "Ese no te la va a pagar".

"No importa", le respondí.

¿Saben cuánto valía entonces una libra de harina? Siete centavos. ¡Pero es que él no tenía ni los siete centavos!

Recuerdo otro incidente de cuando era joven que me causó cierto impacto:

En cierta ocasión fui a Fomento, no me acuerdo si fue de vacaciones, un amigo mío de allí. Era hijo de un chino que tenía una buena posición económica y de madre cubana blanca y era novio de una muchacha hija de españoles.

Una noche había fiesta en el pueblo. Recuerdo que llegamos cerca de la colonia española —en todos los pueblos había una

colonia española— y dice: "Vamos al baile". Yo decidí no ir
porque realmente nunca me gustó el baile.

Cuando mi amigo y esa muchacha llegaron al baile, no los
dejaron entrar porque él era chino. ¡Era solo para blancos!

El acto discriminatorio nos convenció de lo injusto de aquella sociedad existente en Cuba antes del triunfo de la revolución.

Se suma a la lucha revolucionaria

WATERS: ¿Cuándo se incorporó a la lucha revolucionaria?

CHOY: Yo comienzo en Santa Clara, como estudiante. Desde
el mismo día del golpe de estado de Batista, el 10 de marzo
de 1952.

Me opuse al golpe y me uní a una organización antibatistiana. Esto fue antes del asalto al Moncada.[1] En Santa Clara habían dos grupos revolucionarios. Uno se llamaba Acción Cívica
Constitucional, dirigido por Osvaldo Herrera. Había otro grupo que se llamaba Joven Patria, dirigido por Benigno Piñeiro,
quien más tarde fue un traidor. Yo estaba en Joven Patria.

Siempre digo que soy fidelista desde el 26 de julio de 1953.
Porque ese día, cuando la radio dijo que el doctor Fidel Castro era el jefe del asalto al Moncada, entonces yo dije, "Ese es
el hombre que necesitamos los cubanos para luchar contra
la dictadura".

El verano de 1955, Frank País —que para entonces era dirigente nacional del Movimiento 26 de Julio en Santiago— fue
a Santa Clara a establecer allí la organización. Yo no lo conocí. Se crea entonces un Movimiento 26 de Julio en la ciudad
y la mayoría de los jóvenes nos pasamos a él. A nivel local la

1. Para el asalto al cuartel Moncada y otros sucesos y personajes his-
    tóricos a los que se hace referencia en la entrevista, ver el glosario
    que empieza en la página 197.

organización la dirigía Quintín Pino Machado. Fue un gran dirigente y después con nosotros fue oficial político en las Fuerzas Armadas Revolucionarias.

Yo fui dirigente estudiantil, y ayudé a organizar acción y sabotaje. Estuve en las luchas estudiantiles, y participé en manifestaciones, huelgas y otras acciones. Estuve preso varias veces.

ARRIN HAWKINS: ¿Por qué?

CHOY: A partir de mi ingreso en el Movimiento 26 de Julio, me orienté cada vez más hacia las actividades, desde las más simples, como pintar consignas contra el dictador Batista, a participar en manifestaciones estudiantiles. Al principio esas manifestaciones fueron relativamente pacíficas. Pero ya al avanzar los años 50, a menudo terminaban con fuertes encuentros físicos con el Servicio de Inteligencia Militar (SIM) del ejército y con la policía. También participamos en sabotajes y acciones empleando cócteles Molotov y granadas brasileñas, las cuales nunca explotaban.

Como resultado de esta participación personal en actividades revolucionarias, fui detenido y me tuvieron preso en seis ocasiones. Fui juzgado dos veces ante los Tribunales de Urgencia,[2] saliendo absuelto.

A principios de 1958, me nombraron responsable provincial del Frente Estudiantil del Movimiento 26 de Julio en la provincia de Las Villas, antes del 9 de abril, además de ser jefe de dos grupos de acción y sabotaje.

WATERS: El 9 de abril de 1958 es el día en que el Movimiento 26 de Julio convocó a una huelga general nacional contra la dictadura.[3] Fracasó totalmente. ¿Qué sucedió ese día en Santa

2. *Ver glosario*, Tribunales de Urgencia.

3. *Ver glosario*, Huelga general del 9 de abril, intento de. Para un relato de los sucesos del 9 de abril por dirigentes de la clandestinidad

Clara? ¿Qué hizo usted?

Choy: En la mañana de ese día, estuvimos acuartelados varios grupos de jóvenes trabajadores y estudiantes, esperando recibir las armas para, a la señal convenida —el toque de las campanas de la iglesia de La Pastora a las once horas—, salir armados a las calles para apoyar la huelga. Realmente solo un grupo, el del barrio del Condado, recibió fusiles y otro, el de estudiantes de la escuela de comercio, que comandábamos nosotros, recibió cuatro pistolas.

Nuestros compañeros debían tocar la campana de la iglesia, pero no lo hicieron. El grupo del Condado y el nuestro —ubicado en el barrio de La Pastora— salimos a la calle sin recibir la señal. Los compañeros del Condado se enfrentaron valientemente a las fuerzas del ejército y de la policía de la dictadura, cayendo combatiendo los aguerridos luchadores clandestinos Antonio Aúcar Jiménez, David Díaz Guadarrama y Héctor Martínez Valladares. Posteriormente, otro de estos valientes, Eduardo "Bayoya" García, fue capturado y asesinado por los sicarios de la dictadura.

Como no recibimos la señal, lo único que nuestro grupo de combatientes de la escuela de comercio logró fue desarmar a un policía.

Por suerte nuestros compañeros no tocaron la campana. Si no, hubiéramos salido a impedir el movimiento del ejército y la policía, con solo cinco armas cortas —cuatro pistolas y un revólver que le habíamos quitado al policía—. Seguramente habríamos muerto, porque había demasiada desventaja de

urbana del Movimiento 26 de Julio, ver Armando Hart, *Aldabonazo: en la clandestinidad revolucionaria cubana, 1952–58* (Pathfinder, 2004). La reorganización del Movimiento 26 de Julio tras los sucesos del 9 de abril se describe en el capítulo "Una reunión decisiva", en Ernesto Che Guevara, *Pasajes de la guerra revolucionaria. Cuba, 1956–1959* (La Habana: Editora Política, 2000, 2005).

armamento. Estaba joven y entonces no me ponía a pensar demasiado en esas cosas.

A partir de esa fecha mi vida y mi trabajo pasó a ser clandestino totalmente.

A fines de abril el movimiento me trasladó para la ciudad de Cienfuegos. Estando aún escondido en Santa Clara, me dijeron que Aleida March —destacada luchadora quien se alzó en las montañas y después se casó con el Che— iría a verme tal día. En aquel momento éramos compañeros de la lucha clandestina. Entonces llegó y me dijo, "Choy, mañana vienen a buscarte". Creo que era Morejón un chofer que trabajaba cerca de mi casa y pertenecía al Movimiento 26 de Julio. En el auto de Morejón venían dos de Sagua la Grande. Uno era Víctor Dreke, el otro, un tal Garrido, a quien le habían matado un hermano en Sagua. Este Garrido no sirvió, era un cobarde y medio, y después fue traidor. Dreke, como sabemos, sí es un buen combatiente y compañero.[4]

En Cienfuegos nos ingresan a una clínica como enfermos. Recuerdo que un enfermero revolucionario que se llamaba Víctor me puso Armando Pi.

Les digo que cómo me van a poner ese apellido de español. "Pónganme un apellido chino, si no me van a descubrir".

Y me dice Víctor, "Oye, si te descubren, de todas formas te van a matar, así que vamos a dejarte el que tienes puesto".

De Cienfuegos fui a las montañas.

Toma las armas

KOPPEL: ¿Qué pasó después de su llegada?

CHOY: Recién se había abierto un frente del Movimiento 26

---

4. Para el recuento del propio Dreke de este episodio y mucho más, ver *De la sierra del Escambray al Congo: en la vorágine de la Revolución Cubana* (Pathfinder, 2002).

de Julio en la sierra del Escambray al mando del comandante Víctor Bordón. Me incorporé a esa guerrilla el 9 de mayo de 1958. Yo era el número 19 de la tropa del comandante Bordón. Ingresé al frente como un simple combatiente y en agosto fui ascendido a teniente por Bordón.

Esa columna guerrillera es un capítulo del Movimiento 26 de Julio en Las Villas poco conocido. Realmente tuvimos seis combates antes de integrarnos a la columna del comandante Che Guevara. Incluso el primer San Cristóbal —que es un fusil automático— lo tomamos durante una emboscada que hicimos en la zona de Mandulo, ubicada en la actual provincia de Cienfuegos.

Allí tuvimos fuertes fricciones con otra organización llamada Segundo Frente Nacional del Escambray, que traicionó al Directorio Revolucionario y se escindió de él. La masa de sus soldados era buena. Pero sus principales oficiales eran bandidos y luego, después de 1959, fueron contrarrevolucionarios. Esa es la realidad, como lo han comprobado los hechos. Ellos terminaron cayendo dentro de las fuerzas del imperialismo.

En octubre de 1958 recibimos la orden de marchar hacia el este de las montañas para unirnos al Che, que acababa de llegar con su columna desde la Sierra Maestra, en lo que había sido una marcha muy fuerte.[5] Nosotros hicimos una marcha como de dos días, una marcha con mucho cuidado pues pensábamos que íbamos a tener un enfrentamiento

---

5. Para un recuento de las columnas del Ejército Rebelde dirigidas por Che Guevara y Camilo Cienfuegos que marcharon desde la Sierra Maestra en Cuba oriental hasta la provincia de Las Villas en el centro de la isla durante septiembre–octubre de 1958 —en lo que en Cuba se conoce como "la invasión"—, ver el capítulo "La ofensiva final. La batalla de Santa Clara" y "Apéndices", en Guevara, *Pasajes de la guerra revolucionaria, op. cit.*

con el Segundo Frente del Escambray. Pero no hubo tal enfrentamiento por suerte. Habría sido doloroso que hubieran muertos entre la masa de combatientes revolucionarios. Yo fui nombrado segundo jefe de la vanguardia nuestra, en la que habíamos 65 combatientes con el capitán Cente, Edelberto González, al frente.

Cuando llegamos a una zona llamada Las Piñas, el Che nos habló. Allí empezamos a operar juntos.

En diciembre fui ascendido a capitán por el Che y allí me entregó un pelotón armado de 26 nuevos combatientes. En la columna del Che participamos en varios combates que contribuyeron a la liberación de la provincia de Las Villas por el Ejército Rebelde. Esa ofensiva culminó con la batalla de Santa Clara, que terminó el primero de enero de 1959, cuando huyó Batista.

Después nos ordenaron marchar hacia La Habana con la columna de Bordón, reforzando la Columna 2, al mando de Camilo Cienfuegos. El 2 de enero llegamos a Matanzas y allí participamos en la rendición del regimiento del ejército. Ese mismo día llegamos a La Habana y participamos también en la rendición del Columbia, el campamento militar más importante del viejo ejército. Al día siguiente me reincorporé a la columna del Che.

WATERS: ¿Tuvo impacto en su concientización revolucionaria el hecho de ser de ascendencia china?

CHOY: No, en realidad no. Sin embargo, está claro que por ser hijo de chinos eso creó un afecto especial hacia China, hacia su pueblo. Y admiro muchísimo a ese país y a su heroico y abnegado pueblo. Pero yo entré al movimiento como cubano. Pensaba como cubano y pienso como cubano, no como si fuera de China.

Yo era coordinador del Frente Estudiantil del 26 de Julio en la antigua provincia de Las Villas. Y los cubanos dirigentes de los otros centros de segunda enseñanza me aceptaban como un cubano más. En el movimiento no había ningún tipo de discriminación.

GUSTAVO CHUI

WATERS: General Chui, creció en Santiago de Cuba. ¿Fue similar la historia de su familia a la de Choy?

GUSTAVO CHUI BELTRÁN: No, fue muy distinta. En Santiago había un barrio chino compuesto de una cantidad apreciable de chinos y sus descendientes, aunque era más pequeño que el de La Habana.

Mi papá, José Chui, se juntó con mi mamá, Ana Hilda Beltrán, que era una negra cubana pobre. Al nacer yo, hubo un conflicto entre ambos, esencialmente porque los coterráneos más cercanos de mi padre se oponían a que él se casara con ella —debido a los prejuicios raciales de la época—; especialmente su principal socio en el negocio, con quien tenía una bodega. Mi padre y su socio decidieron pleitear mi partida de nacimiento. Yo había nacido en 1938, y me pusieron como si hubiera sido dos años antes para tener más edad y poderle quitar la patria potestad a mi madre. Eso lo hicieron pagando a un abogado. Mi madre, una negra pobre, no tenía recursos económicos para impedirlo. Mediante este proceder quedé al cuidado de mi padre. Todo esto lo conocí siendo ya una persona mayor y muerta mi madre.

En esta etapa vivíamos en la propia bodega, conviviendo con los chinos que allí trabajaban. Yo fundamentalmente permanecía en el traspatio de la casa, sin salir, ni lidiar con otros niños. Por eso aprendí a hablar solo cantonés, y no español. Entre otras razones, estas medidas tenían como objetivo mantenerme fuera del campo visual de mi madre.

Todo ello transcurrió en el llamado barrio Los Olmos de

Santiago de Cuba, cuya avenida principal se llamaba General Wood, ahora René Ramos Latour. El establecimiento estaba frente a la entonces fábrica de alpargatas Rubio, que hoy es una hilandería.

Cuando tenía alrededor de cinco años me permitieron por primera vez salir a la calle y comencé a jugar con otros niños de mi edad. Pero ellos no me entendían, ni yo a ellos. Me hablaban en español y yo respondía en chino. Todos se reían de mi, por lo que busqué mi mecanismo para hablar español y así olvidé el chino. Incluso cuando mi padre me hablaba en chino, yo le contestaba en español.

En el entorno chino mi nombre era Conchán. Así me denominaban los niños también. Por ese nombre me conoce aún la mayoría de los familiares y amistades de Santiago de Cuba.

Mi padre no tuvo más hijos en Cuba. Sé que antes de venir tenía algunos en China, pero desconozco sobre ellos. No así mi mamá que tuvo otro hijo, mi hermano, Jorge Luis, que vive en Santiago de Cuba.

El socio principal de mi padre, Arsenio Hung, sí tuvo una numerosa familia, en la cual a mí me contaban como su hijo mayor, pues en determinado momento de mi vida ayudé a criar a sus hijos. También por motivos de cambios de trabajo de mi padre, viví temporalmente con otras familias chinas, socios también de mi padre. En mi etapa infantil tuve tres madres de crianza, por lo que tengo una buena cantidad de hermanos por esa vía.

Mi padre se dedicaba al comercio, lo cual era común en la mayoría de los chinos que vivían en Santiago. Los negocios más comunes eran tiendas, cafeterías, panaderías, lavanderías, bares, puestos de hortalizas, entre otros.

Mi padre y su socio Arsenio tuvieron una bodega que quebró. Posteriormente compraron una panadería en la Sierra Maestra, en un lugar conocido como San José de Aserradero, que también fracasó.

Mi padre y yo tuvimos que emigrar hacia La Habana, esta vez por reclamo de un primo llamado Rafael Wong, que poseía una dulcería en la calle Manrique, que hoy es un círculo infantil. Después vendió la dulcería, compró un bar en la calle San Rafael. Posteriormente vendió el bar y compró la cafetería Chan Li Po en la calle Virtudes. En esta familia estuve bajo la crianza de Barbarita, por espacio de dos años.

En La Habana estudié en la escuela Sara Madera y posteriormente en la Campos, ambas en el reparto Lawton, donde residía la familia del primo de mi papá.

WATERS: ¿Mantuvo algún contacto con su mamá cuando fue creciendo?

CHUI: Supe después que ella me observaba de lejos, por miedo a encontrarse con mi parentela china que la amenazaba para que no tuviera contacto conmigo.

Estaba en La Habana en 1945 cuando terminó la Segunda Guerra Mundial, lo recuerdo por la canción de "Pin Pin, cayó Berlín. Pon Pon, cayó Japón". Arsenio le solicita entonces a mi padre que vuelva a Santiago, pues tenía una nueva panadería, La Cubanita, en el reparto Sueño, que aún existe. Ya en estos momentos Arsenio estaba casado y tenía varios hijos pequeños siendo esta una de las situaciones en las que con mayor estabilidad viví; allí estuve alrededor de 10 años.

Mi padre y su socio vendieron esta panadería y compraron otra en el propio reparto, llamada Las Américas, que también existe actualmente. Aquí comencé a ir a la escuela episcopal San Lucas, frente al estadio Maceo, donde estudié hasta séptimo grado.

Esta compra y venta de panaderías resultaba muy usual entre ellos, por lo que recorrimos gran parte de Santiago. Entre ellas puedo citar La Moderna, en el reparto Sorribe, y

la Nueva China, cercana a la colonia Española, en el Alto de
Quinteros.

Cuadro del Movimiento 26 de Julio

HAWKINS: ¿Qué lo atrajo al movimiento revolucionario?

CHUI: Mi padre y sus socios chinos vivían relativamente holgados y yo no pasé grandes vicisitudes. Sin embargo,
siempre percibí el entorno social y político que me rodeaba
en los diferentes barrios donde viví.

Hechos como el golpe de estado de 1952, llevado a cabo
por el dictador Fulgencio Batista, conmocionó al pueblo y
en especial a los jóvenes, que después del ataque al cuartel
Moncada fuimos adquiriendo conciencia de lo injusto de ese
régimen despiadado.

Me incorporé al Movimiento 26 de Julio a principios de 1957.
Pasé a formar parte de una célula bajo las órdenes de Miguel
Mariano Martínez Hierrezuelo, un destacado luchador revo-
lucionario que llegó a capitán del Ejército Rebelde.

Participé inicialmente en acción y sabotaje, las primeras
misiones consistían en abastecer con alimentos y medicinas
a los revolucionarios que estaban albergados o heridos, posteriormente fueron distribuir propaganda, poner bombas
caseras y otras actividades que denotaban rebeldía y disposición de luchar para derrocar la tiranía. Estuve realizando
este tipo de misiones hasta poco antes de la huelga del 9 de
abril de 1958, luego de la cual me fui para la Sierra Maestra.
Me alcé por el III Frente "Mario Muñoz Monroy", al mando
del comandante Juan Almeida Bosque.

Debo destacar que para esta nueva tarea fui conducido por
una de mis madres de crianza, Lidia Wanton. Ella estaba
casada con uno de los amigos chinos de mi padre, Antonio
Fong, que tenía una finca en la Sierra Maestra llamada El
Lucero. Por insistencia de su hijo, que ya estaba alzado en el

III Frente, ella me fue a buscar a Santiago.

Al llegar a la sierra me presenté al capitán Enrique López en el campamento La Anita, pasando a formar parte de las tropas del teniente Idelgarde Rivaflecha, alias Jabao Cuchillo. Terminada la ofensiva lanzada por el ejército de Batista contra el Ejército Rebelde el verano de 1958,[6] me integré a la Columna 3 "Santiago de Cuba", al mando del comandante Guillermo García.

Como integrante de esta columna participé en diferentes combates y acciones combativas, entre ellos la toma de Palma Soriano, con lo que dio inicio la preparación del ataque a Santiago de Cuba. El primero de enero, al dirigirse la columna hacia su objetivo, cuando estábamos en el poblado del Escandel, supimos de la capitulación del ejército de la tiranía.

Ya victoriosos, entramos en Santiago, y la noche del primero de enero a mi pelotón le fue asignada la custodia del Parque Céspedes. Fue desde allí que el comandante en jefe se dirigió al pueblo de Santiago de Cuba y a toda la nación.

Después partimos en la Caravana de la Libertad hacia La Habana, con Fidel al frente.[7]

6. Aprovechando el ímpetu obtenido al fracasar la huelga del 9 de abril de 1958, el ejército batistiano envió 10 mil soldados a la Sierra Maestra, en un intento de aniquilar a las fuerzas revolucionarias. Los combatientes del Ejército Rebelde —que sumaban 300 al comenzar la ofensiva a finales de mayo y contando solo con 200 fusiles útiles— resistieron y para finales de julio aplastaron esa intentona. Para recuentos de este período ver el capítulo "La ofensiva final. La batalla de Santa Clara", en Guevara, *Pasajes de la guerra revolucionaria*; y Hart, *Aldabonazo: en la clandestinidad revolucionaria cubana*, págs. 242–46.

7. Del 2 al 8 de enero de 1959, Fidel Castro encabezó las columnas victoriosas del Ejército Rebelde desde la Sierra Maestra hasta La Habana, en lo que se conoció como la Caravana de la Libertad. Mítines masivos de apoyo a la revolución, a los que se dirigía Cas-

MOISÉS SÍO WONG

WATERS: General Sío Wong, creció en La Habana, supongo que la historia de su familia fue distinta de las de los generales Choy y Chui. ¿Es eso cierto?

MOISÉS SÍO WONG: Sí, mi papá llegó a Cuba en 1895. Vino con su primera esposa. Tuvo su primer hijo en China, o sea, mi primer hermano. Mi padre lo dejó allá con la abuela y él vino con su esposa aquí a Cuba.

WATERS: ¿En qué condición?

SÍO WONG: Él sencillamente reunió el dinero, compró el pasaje y vino. Se estableció en la provincia de Matanzas, donde había una gran colonia china. Tenía una pequeña bodega, una tienda, en un pueblo que se llama San Pedro de Mayabón, en el municipio de Los Árabos.

Con su primera esposa tuvo cinco hijos. Uno allá en China y cuatro aquí. Después quedó viudo. Entre los campesinos se estilaba eso de pedir: "Mándenle una esposa". Entonces la mandó a buscar. Ella fue mi mamá. Tenía 15 años. Para entonces los hijos de mi padre en Cuba tenían 14, 13, 12 y 11 años; o sea, mi mamá era un año mayor que el mayor de los hijos a su cargo.

Habría que ponerle una medalla a mi mamá. Una heroína. Ella le dio nueve hijos. Además, le crió a esos cuatro del primer matrimonio. Para cuando nací yo, en 1938, ya habían 11 hijos en esa casa. Yo fui el número 12.

Durante los primeros años de mi vida, vivimos en San Pedro de Mayabón. Era un pueblo pequeño, en su mayoría campesinos. Yo no iba a la escuela, pero aprendí a leer y a escribir en casa. Me daba clases mi hermana mayor, Angelita, que estaba instruida. Además, allí aprendí a sumar, a

---

tro, acogían a la caravana conforme llegaba a ciudades y pueblos de la isla.

restar, aprendí aritmética.

En mi casa se hablaba más en chino. Pero también aprendí a hablar español. Porque aunque no iba a la escuela cubana, mantenía relación con otros niños que no eran chinos. Después, al ir creciendo y no usarlo, el chino se me fue olvidando.

En 1947, yo tenía entonces nueve años, a mi papá le dio un derrame cerebral y quedó inválido. La familia se trasladó aquí a La Habana para poder atenderlo mejor.

Mi cuñado, que era chino, era también muy rico. Se casó con mi hermana Isabel allá por 1942, 1943. Recuerdo la boda, la más grande que yo he visto en mi vida. De toda Cuba fueron chinos a esa boda. Grandes camiones de La Habana, cargados con cerveza, cake, dulces y otras golosinas. Me acuerdo que el cake de boda tenía siete pisos. Yo era un niño pero aún recuerdo aquello. Ese señor, el esposo de mi hermana, era en Cuba el secretario del Kuomintang, el Partido Nacionalista Chino, el partido de Chiang Kai-shek. Bueno, era un gran empresario, tenía su dinero.

Mi cuñado puso un restaurante aquí en La Habana en San Lázaro y Crespo, un bar-restaurante, donde trabajábamos todos los hermanos, y donde nos pagaban un salario mísero.

El salario mínimo de aquella época era de 60 pesos mensuales. Mi hermano me contaba después cómo en los libros aparecía que nos pagaba 60 pesos. Pero a los mayores les pagaba a lo más 45, incluso hasta 30. Y a los niños no nos pagaba nada. Nos daban 20 centavos para ir al cine el domingo. Así era.

Yo creía que el bar era del hermano mío, pero fue el cuñado quien puso el dinero y estaba explotando a toda la familia.

Esto lo supe cuando regresé al final de la guerra revolucionaria y en ese momento le dije a mi mamá, "Benito nos está explotando".

"No", respondía ella. "Hay que agradecerle que puso el dinero, el negocio y nos dio trabajo".

Ese era un concepto, ¿no? De que ayudó a la familia poniendo el negocio. El otro concepto, el mío, era de que nos estaba explotando. Con mis hermanos hacíamos el trabajo y él sacaba las ganancias. Pero eso solo lo entendí completamente después del triunfo de la revolución, "la explotación del hombre por el hombre".

Vinimos para La Habana y aquí en dos años hice la escuela primaria. Cuando llegué ya sabía leer y escribir, me hicieron una prueba y me incorporaron al tercer grado. Durante las vacaciones de verano mi hermana me puso una profesora y salté para el sexto grado. Y en las otras vacaciones la misma profesora me preparó e ingresé por un examen en el instituto de segunda enseñanza. Es así que hice la primaria en dos años. Incluso hubo que ponerme un año de más en las inscripciones civiles porque tenía 11 años, y los institutos exigían 12 años para ingresar.

Estuve un año en un colegio privado, y en 1951 ingresé en el Instituto Número 1 de La Habana. Estando allí es que Batista da el golpe de estado del 10 de marzo de 1952.

Se une al movimiento revolucionario

KOPPEL: ¿Cómo se integró al movimiento revolucionario?

SÍO WONG: En Cuba los estudiantes siempre han estado a la vanguardia de las luchas revolucionarias. Ese mismo día 10 de marzo, los estudiantes de la Universidad de La Habana, encabezados por jóvenes como Fidel Castro y José Antonio Echeverría, protestaron fuertemente contra el golpe de estado. Así comenzó la lucha contra la dictadura.

En el instituto de segunda enseñanza había un movimiento estudiantil fuerte, muy ligado con los estudiantes de la Universidad de La Habana. Un grupo de estudiantes de secundaria rápidamente me captó. Yo de política no sabía nada, era joven. Pero entonces allí en ese ámbito empiezo a manifestar esas inquietudes, junto a otros jóvenes nos iniciamos en la lucha estudiantil en la secundaria.

Comenzamos así a participar en las manifestaciones contra la dictadura junto a los estudiantes de la Universidad de La Habana. Después del asalto al Moncada el 26 de julio de 1953, ya ese vínculo se estrecha.

Históricamente, la Universidad de La Habana había tenido una participación muy activa en las luchas por la independencia, también en la revolución de 1933.[8] Fidel y muchos otros dirigentes proceden de esas batallas en la universidad.

Antes del 26 de julio, nosotros teníamos un vínculo con el ala izquierda del Partido Ortodoxo, que era a la que pertenecía Fidel. Es allí donde conozco a un grupo de revolucionarios, entre ellos Ñico López y Enio Leyva, y donde fui captado.

Un grupo de jóvenes que vivíamos en el barrio de la Punta organizamos un ciclo de charlas, que llamábamos "charlas cívicas". Nos las impartía Ñico López, quien posteriormente participó en el asalto al Moncada y murió poco después del desembarco del *Granma*. Ñico era un obrero, alto, flaco, muy modesto, humilde. Esas charlas eran de orientación política revolucionaria. Se daban en el local del Partido Ortodoxo, en Prado 109, esa alameda aquí en La Habana. Como decía, aún no existía el Movimiento 26 de Julio. En el Partido Ortodoxo ya había un grupo de ala izquierda liderado por Fidel y por un grupo de jóvenes, entre ellos Ñico López, Juan Manuel Márquez, Enio Leyva y René Rodríguez.

Después del asalto al Moncada, se funda en 1955 el Movimiento 26 de Julio y nos incorporamos a él. Aquí en La Habana se crearon las Brigadas Juveniles del 26 de Julio, integradas en gran parte por estudiantes y jóvenes obreros. Las dirigía

---

8.   *Ver glosario*, Revolución de 1933.

Gerardo Abreu (*Fontán*), un destacado revolucionario, con gran capacidad organizativa. Un compañero íntegro, abnegado, negro. Las brigadas se dedicaban fundamentalmente a la propaganda, a pintar consignas en las paredes, a romper vidrieras, tirar cócteles Molotov, hacer pequeños sabotajes de ese tipo. Fontán me nombró jefe de la primera brigada que se creó en el barrio de La Punta.

Ya en 1957 había una intensa represión en La Habana y se decidió que yo saliera para la Sierra Maestra. Recuerdo que fue el 4 de julio, día de la independencia de Estados Unidos, iba por la calle y escuchaba que por televisión transmitían un acto y estaban tocando el himno de Estados Unidos.

Primero estuve en Bayamo, y esperé allí varios meses, desde julio hasta finales de noviembre, para recibir autorización para poder subir a la sierra. Mientras tanto, allí estuve en la clandestinidad. Me hacía pasar por sobrino de un chino que tenía una lavandería.

Por fin me incorporé a la columna de Fidel en noviembre de 1957.

Miembro del Ejército Rebelde

WATERS: ¿Qué sucedió cuando llegó a la sierra?

SÍO WONG: Justo en ese momento la guerrilla estaba pasando por una situación crítica.

El movimiento me había conseguido uniforme, botas, hamaca, todo menos armamento. Pero yo subí con tres compañeros de Manzanillo —guajiros— que no llevaban nada. O sea, también iban a incorporarse al Ejército Rebelde, pero no llevaban ningún avituallamiento, ni ropa.

Yo llevaba una carta. Pero no de Fontán, quien era mi jefe directo y de quien debía haber llevado la carta. Sino que era de un expedicionario del *Granma*. Este compañero había bajado de la sierra enfermo, lo teníamos escondido en una casa.

Para nosotros era un dios, un héroe.

"No te preocupes", me dijo. "Yo te doy una carta para Fidel y tú no tienes ningún problema". Y me escribió una nota para Fidel. "Aquí te mando a Sío Wong, que está muy quemado aquí en la lucha revolucionaria", etcétera. Firma, fulano de tal. Y yo pensé que con esa nota no tendría mayores problemas. Pasé mucho trabajo para subir a la sierra. Yo me crié aquí en la ciudad. Era estudiante. Además, acababa de pasar una gripe hacía tres o cuatro días y estaba muy débil. Cuando subí la primera loma me desmayé. Entonces el guía me quería dejar y yo le digo: "Oye, si tú me dejas aquí en el camino, le voy a escribir a Fidel y te van a fusilar. Me tienes que llevar para la sierra".

Entonces se fue y pidió prestado un caballo de una viuda, una campesina que vivía allí, y me montó en el caballo. Así llegué yo a la Sierra Maestra.

Cuando llego a la comandancia de Fidel, dice un compañero: "Fidel, ¡hasta un chino aquí!" Ese fue el recibimiento.

Entran a una casita y le dan a Fidel la carta. Yo siempre me había imaginado que los compañeros me iban a recibir con los brazos abiertos.

"¿Así que ustedes están quemados en la lucha clandestina?", dijo Fidel al salir. "A ver, ¿de dónde son?"

Dicen los otros muchachos: "No, nosotros somos de allá, de Calicito. Allí quemamos unos campos de caña".

Precisamente en aquellos días Fidel tenía un pelotón en esa zona quemando caña. Y dice: "¿Así es que ustedes fueron los que quemaron la caña de Calicito? ¿Y para qué yo tengo al capitán Basante allí con un pelotón?"

No sé, parece que es verdad que ellos quemaron caña, pero Fidel tenía un pelotón expresamente cumpliendo esa misión de quemar en esa zona.

Y me dice, "¿Y tú? ¿Así que a ti te manda fulano de tal?"

"Sí, comandante".

"De seguro que se cree que es un héroe. La debe estar pasando de lo mejor con la historia aquella de ser expedicionario del *Granma*, en vez de estar aquí con nosotros".

Entonces Fidel dijo, "¿Y ustedes se creen que esto es una embajada? Hacen una cosita y se vienen a refugiar. Ustedes no traen armamento, no traen uniforme, no traen botas, no traen comida, no traen nada".

"¡Cresencio!", gritó. Cresencio Pérez era un campesino que era de la retaguardia. "Cresencio, mételos tres días presos y comiendo arroz solamente".

Cuando ya íbamos para esa parte del campamento, oigo que alguien que está sentado en una piedra dice: "Y si se tratan de escapar mételes un tiro por una pata". Luego me enteré que era Raúl Castro.

Al otro día estábamos a la orilla del río y pasó Fidel. Y nos dio una disculpa: "Perdónenme por la forma que los traté ayer. Pero es que fulano me hizo una basura. Le di una orden y no la cumplió. Y tenemos esta situación crítica, con la comida, con la ropa, con el armamento. No tenemos armas. Si ustedes quieren, regresen. Y cuando haya mejores condiciones, pueden volver".

Entonces le dije, "Comandante yo no puedo volver para La Habana. Yo estoy perseguido allí".

Los otros tres muchachos bajaron, pero yo me quedé. Permanecí en la Columna 1 al mando de Fidel, y al tiempo fui asignado a su comandancia. Seguí allí en La Plata hasta que comenzó la ofensiva de verano del ejército batistiano en 1958.

Una misión clandestina

WATERS: Mientras estaba en la comandancia, lo asignaron a una misión clandestina en La Habana, ¿cierto?

Sío WONG: Sí. Finalizando el mes de enero de 1958, Fidel tenía la intención de mandar a buscar a Gerardo Abreu (*Fontán*), para sacarlo de La Habana, donde estaba bajo un peligro inminente y enviarlo a la sierra. Como yo era de La Habana, el compañero René Rodríguez, uno de los expedicionarios del *Granma*, le propone a Fidel que yo podía venir. En esos días se produce el segundo combate de Pino del Agua, y no puedo salir. Se produjo el 4 ó 5 de febrero. Y el día 7 de febrero nos llega la noticia de que habían asesinado a Fontán.

Fontán era un dirigente de las Brigadas Juveniles del 26 de Julio, muy íntegro, muy valiente, extraordinario compañero. Él conocía toda la organización de aquí de La Habana y los hombres de Batista no le pudieron arrancar ningún dato, aun cuando lo torturaron salvajemente.

Para mí fue doblemente doloroso, porque Fontán fue mi primer jefe dentro del movimiento. Para mí fue siempre ejemplo de revolucionario. Además yo sabía que Fidel me iba a mandar a buscarlo.

Varios días después me encomiendan la misión de venir a La Habana a buscar a Sergio González, a quien todos conocíamos como *El Curita*. Él era el jefe de acción y sabotaje aquí en la capital. También un hombre muy perseguido.

En aquellos días se estaba organizando también la partida de las columnas de Raúl Castro y Juan Almeida para abrir el Segundo y Tercer Frentes respectivamente. Entonces no es sino hasta el 10 de marzo que yo puedo salir. Recuerdo que aproveché precisamente la celebración del aniversario del golpe de Batista para poder bajar de la sierra, ir a Bayamo, con los contactos y después llegar a La Habana.

Me entrevisté con El Curita en un parque de La Víbora una noche, frente al cine Mónaco. Son imborrables los recuerdos de esa entrevista. Y le transmití la orden de Fidel, de que me acompañara a la sierra, teniendo en cuenta lo perseguido que estaba.

"Dile a Fidel que me perdone por no cumplir su orden", me dijo Sergio González. "Pero yo considero que siendo el jefe de acción y sabotaje, y con la situación tan compleja que existe, no me puedo ir y abandonar a mis hombres. Estoy seguro que me comprenderá. Transmítele que le agradezco su preocupación por mi seguridad".

No hubo forma de convencerlo.

La entrevista con Sergio González fue el 13 de marzo. Yo debo haber regresado el 14 de marzo aproximadamente. Cuando le informé a Fidel que no había podido cumplir la misión, lo sintió mucho, sabía que iban a matar a El Curita. Efectivamente, el 19 de marzo fue asesinado. Eran cuadros valientes, probados, muy valiosos, a quienes Fidel quería evitar que los mataran.

Fidel sabía que la lucha clandestina en la ciudad era muy difícil. Fontán fue víctima de una delación. El que lo hizo se paseaba en una perseguidora, un automóvil de la policía, hasta que un día vio a Fontán en la calle. Así capturaron a Fontán.

Estos casos los pongo siempre de ejemplos de cómo Fidel, al dirigir una batalla, cuidaba a los cuadros, a los hombres. Se preocupaba por ellos para tener la menor cantidad de pérdidas posible. Pero también es ejemplo de cómo estos hombres asumían la responsabilidad que tenían.

Fontán sabía que estaba muy perseguido. Incluso es él quien me manda para la sierra. "Sabes, tú estás muy perseguido", me dijo. "Te tienes que ir". Sin embargo, él se mantuvo aquí en La Habana. El Curita también, a pesar de una orden de Fidel, se mantuvo aquí. Eso demostraba incluso el sentido de responsabilidad que tenían. Eso pasó también con muchos otros. Empezando por Fidel. Hay una carta a Fidel que le envían los combatientes para pedir que él no participara en los combates directamente. Porque hubo una época en la que él se arriesgaba mucho.[9]

Considero que la lucha más difícil es la lucha clandestina en la ciudad, donde el enemigo tiene todas las ventajas. No es como en la montaña, donde la ventaja la tiene el guerrillero. Es el que pone la emboscada. Pero aquí en la ciudad, el enemigo tiene la ventaja. Además, en La Habana fue la más difícil.

En la columna del Che

Koppel: Mencionó la ofensiva del ejército batistiano en la Sierra Maestra durante el verano de 1958. ¿Qué estaba haciendo durante esos meses?

Sío Wong: Estuve con Fidel al comienzo de la ofensiva. Él me mandó con una mina —una de esas bombas de cien libras que tiraba la aviación enemiga y que convertíamos en minas— para detener los refuerzos de la ofensiva que habían desembarcado por el sur de la Sierra Maestra, cerca de Palma Mocha. En El Jigüe estaba sitiado el batallón élite Los Ligeros, al mando del comandante Quevedo, y Batista envía un refuerzo para sacarlos del cerco. Fidel me mandó con una escuadra de la columna del Che para integrar el pelotón del capitán Ramón Paz.

Ese refuerzo enemigo no pudo llegar, ya que fue rechazado por el pelotón del capitán Andrés Cuevas en decisivo combate, donde cayó este valioso oficial.

Así pasamos la ofensiva, participando en varios combates, como la batalla de El Jigüe —dirigida personalmente por Fidel—,[10] Casa de Piedra, Providencia, donde cae el capitán

9. Esta carta se puede encontrar al final del capítulo "Pino del Agua II", en Guevara, *Pasajes de la guerra revolucionaria, op. cit.*

10. La batalla de El Jigüe, del 11 al 21 de julio de 1958, fue una victoria decisiva del Ejército Rebelde, la cual selló la derrota de la ofensiva gubernamental en la Sierra Maestra y el punto álgido en la guerra.

Paz, y la del Joval, donde muere el comandante René Ramos
Latour (*Daniel*). Al terminar la ofensiva yo seguí en la columna del Che.

A finales de agosto, Fidel dio la misión al Che y a Camilo de organizar dos nuevas columnas. La Columna 8 "Ciro
Redondo", la del Che, que iría hacia el centro del país. La de
Camilo Cienfuegos, la Columna 2 "Antonio Maceo", que tenía la misión de llegar hasta Pinar del Río, la provincia más
occidental de la isla.[11]

La selección de ambos jefes por Fidel fue genial, por las ca-
racterísticas de ambos dirigentes. El Che describe a Camilo
como un combatiente de una creatividad tremenda, un jefe
guerrillero nato. Camilo disponía de una tropa que había
estado varios meses en los llanos de Bayamo, allí en Oriente,
operando contra la tropa de la tiranía. Tenía experiencia de
combate en el llano. Nosotros conocíamos el combate en las
montañas, pero no el combate en el llano. Camilo también
tenía una tropa —o sea, la mayoría de los más de 90 combatientes que partieron— que eran veteranos en la guerra, con
armamentos automáticos. Por eso es que Camilo recibe esa
misión.

El Che formó una columna de unos 140 hombres, con un
armamento que habíamos podido recolectar. La columna
incluía a un grupo de oficiales y jefes de pelotones y escuadra que ya llevaban tiempo en la Sierra Maestra. Pero hay un
gran grupo que apenas habían pasado la escuela de reclutas
en Minas del Frío.[12] O sea que eran bisoños, no tenían gran

---

11. En octubre, Fidel Castro ordenó que la columna permaneciera en
    la provincia de Las Villas y operara en coordinación con la Co-
    lumna 8.

12. En abril de 1958, Che Guevara ayudó a establecer una escuela de
    reclutas del Ejército Rebelde en la Sierra Maestra. Los que aten-

experiencia combativa.

Yo estaba en la vanguardia. Nuestro pelotón estaba compuesto por los combatientes más experimentados, teníamos armamento automático. Yo iba en la segunda escuadra.

Antes de partir, el Che nos reunió a todos y nos planteó la misión. Dijo que aunque fuera un solo combatiente, tenía que llegar y cumplir la misión que Fidel nos había dado.

Pienso que Fidel escoge al Che para organizar la lucha en el centro de la isla por dos razones. Primero, por la importancia que tiene el centro de la isla y el poder cortar las fuerzas de la tiranía en dos. Segundo, porque en la provincia de Las Villas habían fuerzas de cuatro organizaciones: del Movimiento 26 de Julio, la tropa de Víctor Bordón; del Directorio Revolucionario, que era el grupo de los estudiantes, dirigido por Faure Chomón; del Partido Socialista Popular, que tenía una tropa en el norte de la provincia dirigida por Félix Torres; y del Segundo Frente Nacional del Escambray, que se había separado del Directorio Revolucionario y tenía vínculos con la Organización Auténtica.

El objetivo de Fidel era unificar esas fuerzas para lograr cortar la isla en dos. Por su capacidad política, el Che era uno de los que podía hacer esto. El Che reunía en sí la capacidad política de un hombre de una inteligencia preclara y del hombre de acción. Era un combatiente y un pensador.

Hicimos la invasión al centro de Cuba en condiciones muy difíciles. Nos tomó 45 días llegar al Escambray. Hubo 11 compañeros que físicamente no pudieron y abandonaron la columna. A algunos de ellos los asesinó la dictadura.

Llevábamos los pies llagados, no solamente por los 500 kilómetros del trayecto, sino porque tuvimos que atravesar la

---

dían recibían tanto preparación militar, como cursos de alfabetización e instrucción política.

ciénaga, por el sur de toda la provincia de Camagüey. Allí
no podían andar caballos, ni carros, ni nada. Caminábamos
en condiciones muy difíciles. En la montaña el guerrillero
tiene la ventaja, pero en el llano la posee el enemigo porque
puede moverse con facilidad. Y, además, el enemigo conocía
el terreno.

Cuando me sentía desfallecer, yo miraba al Che, a quien
se le había acabado el medicamento del aparatico del asma.
Veía a este hombre argentino, asmático, dispuesto a morirse
por Cuba: ¿Si él podía hacerlo, cómo yo no iba a poder? Eso
me daba fuerzas para seguir. Fui ayudado también por otros
compañeros, porque a veces casi ni podía con el fusil. Y eso
que traía una carabina M-1, que es muy ligera. Yo era un joven
criado en la ciudad y pesaba menos de cien libras.

Así llegamos al Escambray en octubre de 1958.

HAWKINS: ¿Qué pasó cuando llegaron?

SÍO WONG: Lo primero fue que nos topamos con las fuerzas
del Segundo Frente Nacional del Escambray al mando de Jesús Carreras. Nos encontramos un cartel a la entrada del camino que decía: "No se admiten tropas de otra organización
que no sean las del Segundo Frente". Lo firmaba Carreras.

Ellos tenían una actitud provocativa y sabían que nuestra
columna venía.

Víctor Bordón había enviado previamente dos oficiales a
nuestro encuentro. Ellos nos guiaron en la última parte del
trayecto y nos informaron de la situación creada por el Segundo Frente.

El Che logró aunar las fuerzas del Directorio Revolucionario,
las del 26 de Julio y del PSP. Se firmó el Pacto del Pedrero, donde las tropas del Directorio se unieron bajo el mando del Che
para unificar las acciones. Poco después el PSP firmó también.
El Segundo Frente del Escambray no firmó el pacto.

Casi sin descansar del largo viaje, el Che atacó varios pequeños cuarteles en las estribaciones de las montañas, como Güinía de Miranda, Banao y Caracusey.

El primer combate después de realizada la invasión desde la sierra fue en Güinía de Miranda. Atacamos un cuartelito de unos 40 hombres. El combate comenzó como a las cinco de la mañana, y sabíamos que tenía que acabar antes del amanecer, porque si no nos cogía la aviación.

En la marcha desde la Sierra Maestra llevábamos una bazooka, que habíamos tomado en la ofensiva del ejército. El bazookero más o menos sabía tirar. Al empezar el combate, el primer bazookazo pasó por arriba del cuartel. El segundo bazookazo pegó adelante, no le dio.

Entonces vino el Che y dice, "Oye, ¿qué te pasa chico?" Le quitó la bazooka, se paró así frente al cuartel y disparó el bazookazo. Se lo metió por la ventana. Ahí mismo se rindió el cuartel.

En las semanas siguientes, el ejército de Batista lanzó una ofensiva en el Escambray, que fue rechazada, pasando nuestras tropas a lo que se convirtió en la ofensiva final.

Uno de los combates más duros fue en Fomento, el pueblo de Choy. Eso fue el 16 de diciembre y era la primera vez que se atacaba un cuartel de ese tamaño en el llano. Duró tres días, con la aviación bombardeando. Después que el enemigo se rindió, fuimos liberando otras ciudades, como Cabaiguán, Placetas, Sancti Spíritus, Remedios y Caibarién.

Recuerdo algo que sucedió en el combate de Cabaiguán.

Nuestro pelotón, que era el de la vanguardia, atravesando los patios había logrado llegar frente al cuartel del ejército, solo nos separaba una calle. Y fui a avisarle al Che de que habíamos llegado a esta posición, muy ventajosa. Para llegar había que saltar de un techo a un muro, y después había un patio. Pero eran como las cuatro de la mañana y estaba oscuro. El Che da un paso en falso y se cae. Se quiebra el brazo.

Pero lo primero que dice es, "¿Qué le pasó al m-1?" ¡Tenía el brazo partido y estaba preguntando por el fusil que llevaba! La lucha culminó en la batalla de Santa Clara. El primero de enero de 1959, triunfamos en esa batalla, Batista huyó de la isla y vinimos para La Habana.

Pensé que la guerra se había acabado. Me pasó algo similar a lo que habla López Cuba en *Haciendo historia*.[13] Yo había dejado el instituto, me faltaban dos asignaturas para terminar el bachillerato. Entonces fui donde el Che:

"Bueno, Che, ya se acabó la guerra. Yo quiero ser ingeniero eléctrico".

"¿Te vas a ir *ahora*?", dice. Y, perdonen la frase, "Vos sos un comemierda. Ahora es que empezó la revolución".

WATERS: ¿Entonces siguió bajo el mando de Che?

SÍO WONG: Fui ascendido a primer teniente a principios de enero de 1959, y asignado a la policía militar, que se organizó en el cuartel de La Cabaña en La Habana. Ese era el puesto de mando del Che. La policía militar se encargaba de la disciplina en el ejército. Me matriculé en el instituto por la noche. Pero hacía cuatro años que no estudiaba y me costaba mucho trabajo. Además, estaban todas mis responsabilidades en el Ejército Rebelde.

Meses después, Jorge Ricardo Masetti, un argentino, estaba fundando Prensa Latina. La mayoría de los que integraban el Ejército Rebelde eran campesinos. Pero yo era estudiante, tenía un nivel preuniversitario. Masetti lo sabía y me va a captar. "¿Quieres ser periodista y ayudar a fundar una agencia de prensa latinoamericana?", me dice.

Entonces voy a ver qué dice el Che.

---

13. Mary-Alice Waters, ed., *Haciendo historia: entrevistas con cuatro generales de las Fuerzas Armadas Revolucionarias de Cuba* (Pathfinder, 2001), págs. 23–24.

"Che, Masetti me está proponiendo que vaya a trabajar con él en Prensa Latina".

"Te digo por segunda vez que sos un comemierda. Tú tienes que ser del ejército. Dile a Masetti que se busque periodistas por otro lugar. No te puedes ir".

Esa es otra lección.

La tercera vez que recibo una lección así del Che fue después que lo habían nombrado presidente del Banco Nacional. Una de mis hermanas me llama y me dice que la mamá de su esposo se está muriendo en Macao, que le faltaban 50 dólares para pagar la visa. Y que hace falta que hable con el Che.

Y yo ingenuamente voy a ver al Che.

"Che, a mi hermana, que tiene la suegra allá en Macao, le hacen falta 50 dólares para pagar la visa para poder ir a verla".

El Che se metió la mano al bolsillo.

"Yo lo único que tengo son 125 pesos". Por aquella época, el salario de nuestros oficiales era de 125 pesos mensuales.

Y dice: "Si te hacen falta, tómalos. Pero yo no tengo dólares".

¡Qué lección! A mí no se me ha olvidado eso.

En mi vida de revolucionario he tenido varios privilegios. Ante todo, en mi formación de revolucionario, el de haber tenido tres grandes jefes. Primero, Fidel en la Sierra Maestra. Segundo, al haber sido combatiente de la tropa del Che. Y tercero, a partir de 1965, haber trabajado durante casi siete años directamente con Raúl Castro, como su ayudante, siendo él ministro de las Fuerzas Armadas Revolucionarias. Durante este tiempo, también tuve el privilegio de trabajar bajo las órdenes de Juan Almeida por año y medio, cuando quedó como ministro mientras Raúl cursaba la Academia Militar.

Eso para mi ha sido un gran privilegio. Tener jefes de esa talla, haberlos podido conocer y haber estado bajo sus órdenes y aprender de ellos.

Chinos en Cuba

WATERS: Los tres tienen experiencias muy distintas al haber crecido como cubanos de ascendencia china. ¿Háblennos un poco sobre la emigración china a Cuba? ¿Qué papel ha desempeñado en la historia cubana?

MOISÉS SÍO WONG: La historia comienza en 1840, al empezar en China la primera Guerra del Opio. La emprendieron las potencias europeas para dominar a China, utilizando el opio como su principal palanca. Ellos ya habían introducido al país grandes cantidades de opio. El emperador manchú, dándose cuenta de lo que eso significaba para el desarrollo de la sociedad y del pueblo chinos, dictó una ley prohibiendo la entrada del opio. El emperador envió un representante a Cantón, incluso hubo una gran operación en que se destruyeron miles de cajas de opio. Las potencias coloniales, con Inglaterra a la cabeza, usaron esto entonces como pretexto para lanzar la guerra contra China.

En 1842 concluye la Guerra del Opio con la derrota de China. En aquel entonces esas potencias le imponen a los gobernantes chinos una cantidad de concesiones. En primer lugar, cedieron Hong Kong a Inglaterra y abrieron al comercio los puertos de Cantón, actual Guanzhou; Amoy, ahora se llama Xiamén; Fuzhou; Ningbo y Shanghai. En las dos décadas siguientes China fue obligada a hacer más concesiones, no solamente a los ingleses, sino también a otras potencias coloniales: a los americanos, a los franceses, a los portugueses, etcétera. China les dio entrada a distintos puertos, desde los cuales desarrollaron sus operaciones.

Los ingleses se dieron cuenta que podían obtener ganancias dominando a China de otra forma. Comenzaron a contratar mano de obra china para su explotación en las colonias que tenían aquí en el hemisferio occidental: Trinidad y Tobago, Jamaica, Guyana y Barbados.

Y la corona española vio que eso era una fuente alternativa a los esclavos africanos, sobre todo para el desarrollo de la industria azucarera aquí en Cuba.

Veinticinco años antes, en 1817, Inglaterra y España habían firmado un tratado aboliendo la trata de esclavos africanos. Naturalmente, España no cumplió y siguió trayendo esclavos de África en violación del tratado. En realidad, más esclavos fueron traídos durante esa época que antes. Pero como ya no lo podían hacer tan abiertamente, no podían traer las cantidades de mano de obra que necesitaban.[14]

Hubo otro factor que influyó en la decisión de España de traer chinos para el trabajo por contrata. En el censo de 1841 que hicieron aquí los españoles, se indicaba que en Cuba había 1 017 000 personas, de las cuales 418 000 eran blancos. Había unos 150 000 mestizos libres y unos 432 000 esclavos. O sea, había sustancialmente más esclavos y mestizos libres que blancos.

Se dieron algunas sublevaciones de esclavos. Hubo un caso muy famoso en 1844, el de la "Conspiración de la Escalera", donde los españoles fusilaron a Plácido, un mestizo, un poeta brillante. Algunos historiadores plantean que no se sabe si es verdad que hubo tal conspiración o si fue una medida re-

14. *Ver glosario*, Esclavitud en Cuba.

presiva por parte de los españoles, para frenar un poco estas rebeliones. Pero las sublevaciones de esclavos eran algo que les preocupaba mucho.

Por eso en 1844, ya los españoles, guiándose por los ingleses, establecen una compañía allí en el puerto de Amoy, con sus barracas, para la trata de la mano de obra china. Amoy, o Xiamén, está allí mismo frente a Taiwan, en el estrecho de Taiwan.

A esos chinos los contrataban por un período de ocho años. Les pagaban cuatro pesos mensuales, más la comida y la ropa. Tenían que trabajar para quien les comprara o recomprara la contrata, que se adquiría por 70 pesos, por lo que eran trabajadores en servidumbre. Les prometían que a los ocho años podrían escoger: regresar a China o quedarse como trabajador libre en el país. Claro que no podían escoger. Se tenían que quedar pues no tenían el dinero para el pasaje de regreso.

La primera carga de trabajadores por contrata llegó a Cuba el 3 de junio de 1847, en el bergantín español *Oquendo*. Llegaron 206 en ese primer viaje. Los desembarcaron en Regla aquí en la bahía de La Habana, el mismo puerto donde antes los españoles habían desembarcado esclavos africanos. Los metían en barracones, vendían los contratos a los hacendados y los trataban igual que trataban a los esclavos. El 12 de junio llegó la fragata inglesa *Duke of Argyle,* con otros 365 chinos. Una parte había muerto en la travesía, que duraba entre cuatro y cinco meses. Fueron esos entre 500 y 600 chinos en 1847 los primeros que llegaron.

Posteriormente, debido en parte a que se divulgaron los maltratos que sufrieron, la corona española suspendió esa contratación. Pero en 1852, la reina autorizó su reanudación.

Se calcula que entre 1848 y 1874, salieron hacia Cuba 141 mil chinos. De los cuales entre un 10 por ciento y un 15 por ciento murieron en la travesía. Esta es más o menos la misma

Puertos de procedencia de trabajadores por contrata chinos llegados a Cuba

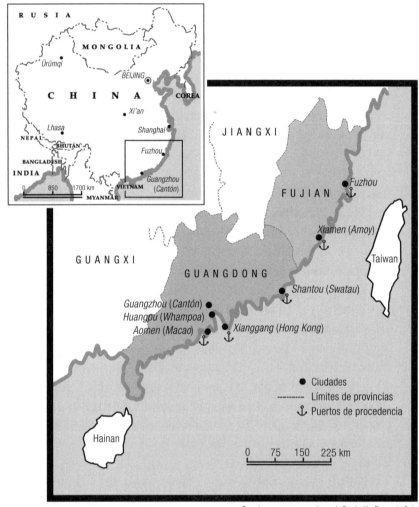

Basado en mapa preparado por la Fundación Fernando Ortiz

cifra de los que fueron a Estados Unidos durante esos años. Sin embargo, en proporción a su población, la inmigración a Cuba fue incluso más significativa. En 1870 la población cubana era de 1.4 millones; la población de Estados Unidos era de 38 millones.

A esos trabajadores chinos por contrata los comenzaron a utilizar en las plantaciones cañeras y en otras haciendas. Pasaron mucho trabajo. En primer lugar, no conocían el lenguaje. En segundo lugar, no sabían cómo se usaba el machete, cómo se cortaba la caña, cómo se usaban los distintos instrumentos.

Hubo una gran cantidad de chinos que se escaparon para el monte, haciendo lo mismo que hacían los esclavos africanos. Estaban los sitios llamados "palenques", que era adonde iban los esclavos africanos que se escapaban, los cimarrones, y hubo chinos que hicieron lo mismo. Otros se suicidaron. Preferían el suicidio a seguir siendo maltratados, tratados como esclavos.

Además de esta inmigración directa desde China, entre 1865 y 1875 vinieron a Cuba unos 5 mil chinos de Estados Unidos, muchos de ellos habían construido las vías férreas allá. Hace poco vi la película *Wyatt Earp*, con Kevin Costner. Allí se ve a los chinos que construyen las vías férreas a través de Estados Unidos. Bueno, muchos de estos chinos posteriormente emigraron a Cuba tratando de escapar de las condiciones de maltrato que enfrentaban.

Guerra de independencia

El 10 de octubre de 1868 comenzó la guerra de independencia.[15] Las fuerzas emancipadoras liberaron a los esclavos, y la República en Armas declaró nulos los contratos de todos los

---

15. *Ver glosario*, Guerras independentistas cubanas.

trabajadores por contrata chinos.[16] Junto con miles de africanos, a esa lucha se suman los chinos. Había batallones, compañías completas de chinos.

En las calles Línea y L, aquí en La Habana, hay un obelisco a la memoria de los chinos que lucharon en la guerra de independencia. Allí en una placa está la famosa frase del general Gonzalo de Quesada, quien era el secretario de José Martí en el Partido Revolucionario Cubano. "No hubo un chino cubano desertor", dijo Gonzalo de Quesada. "No hubo un chino cubano traidor". No se conoce un solo caso de un chino que haya ayudado a los españoles. Ni un solo caso. Sí se sabe que hubo muchos cubanos nacidos aquí en Cuba que formaron parte de los voluntarios: un cuerpo de cubanos reconocidos por su brutalidad, que sustituían a la tropa española en sus tareas policiales para que ésta pudiera combatir contra las fuerzas independentistas.

Unos años atrás Fidel me preguntó si se sabía cuántos chinos habían participado en las guerras de independencia de 1868–98. Le dije que no se había podido determinar porque los chinos se cambiaban de nombre. Se ponían "Gustavo González", "Ramón Fernández". Se ponían los nombres de sus amos. Y en los registros del Ejército Libertador no aparecen los nombres de los chinos. Algunos historiadores plantean que hubo 6 mil combatientes chinos. Aunque no se sabe a ciencia cierta, puede que hayan sido más.

Fidel entonces me pregunta que cuántos chinos participaron en la última guerra de liberación en 1957–59. ¿Cuántos hijos de chinos participaron?

Le digo que tampoco sabíamos eso. Porque a menos que el apellido venga por el padre, ya la siguiente generación lo pierde. Entonces hay muchos descendientes de chinos cuyo

16. *Ver glosario*, República en Armas.

Combatientes chinos en la guerra independentista de 1868–78.

Biblioteca Nacional José Martí

origen no se puede determinar simplemente por el apellido. Tomemos, por ejemplo, el caso del secretario de la esfera ideológica del Comité Central del partido, Esteban Lazo Hernández, su abuelo era chino. Bárbara Castillo Cuestas, la ministra de comercio interior, su abuela era china, pero no tiene apellido chino. Lázaro Barredo, el vicepresidente de la comisión de relaciones internacionales de la Asamblea Nacional, es también nieto de chinos. Estos dirigentes cubanos son todos ejemplos de personas de ascendencia china. Sin embargo, han perdido su apellido.

CHOY: Para darles una idea de la participación china en la guerra, en la batalla de Las Guásimas, en 1874, hubo un batallón de 500 chinos naturales que combatió al mando del general Máximo Gómez. Un batallón completo.

SÍO WONG: Además de los que combatieron, otros contribuyen a llevar o dar alimentos. Por ejemplo, mi padre tenía una bodeguita en Matanzas durante la guerra de 1895–98. Un día no sé quién le criticó que al pasar un grupo de mambises,[17] él les dio mercancías y no les cobró.

"¿Oye por qué tú no les cobras?", le preguntaron.

"No si aquí pasan los españoles también y se llevan la mercancía", dijo como excusa. "Y tampoco pagan".

Ese es un ejemplo.

Muchos chinos contribuyeron en las ciudades con información. Para las autoridades coloniales españolas todos los chinos se veían igual. Entonces los chinos se podían colar incógnitos en los pueblos, en las ciudades para obtener información de las tropas españolas, y pasaban desapercibidos. Si los interrogaban, simplemente decían, "Yo no entiende, no entiende".

WATERS: Durante ese período, ¿la mayoría de chinos en

---

17. *Ver glosario*, Mambí.

Cuba hablaba principalmente chino? ¿Habían comenzado a hablar español? ¿O ambos?

Síо Wong: Los chinos llegaban y no sabían español. Después fueron aprendiendo unas palabras, pero durante la guerra la comunicación era muy difícil. Por eso estaban organizados en compañías o batallones separados.

Hay una anécdota de un oficial, el coronel Hernández, quien era jefe de un batallón chino, en las tropas del general Ignacio Agramonte, y los chinos ya lo tenían cansado. Ya que muchas veces los oficiales y la tropa no se entendían, se cometían actos de indisciplina. Entonces el coronel le pide una entrevista a Agramonte. Cuando el coronel se va acercando a la tienda de campaña, Agramonte ya sabía para qué venía.

"Coronel, qué orgulloso debe estar de su batallón", dijo el general apenas entraron a la tienda. "Ese batallón heroico que tanto lo quiere como jefe". El general Ignacio Agramonte empieza a alabar a los chinos, de que cómo quieren a su jefe, la actitud heroica en el combate tal, y qué buenos son. Indudablemente, el coronel no dijo nada sobre por qué había ido, aunque realmente fue a pedirle que lo trasladara, porque ya los chinos lo tenían cansado.

Hay un hecho que también ilustra el nivel de participación de los chinos en la guerra de independencia.

En 1901, al concluir la última guerra independentista, se aprueba una constitución. Se incorpora el Artículo 65 que dice que todo extranjero que haya luchado 10 años por la libertad de Cuba con las armas en la mano, se considerará cubano por nacimiento. Y puede ser hasta presidente de la república. Ese artículo se puso debido a Máximo Gómez, quien había estado al mando del ejército y era dominicano. Pero Máximo Gómez no aceptó esa propuesta. Decía que no, que él era dominicano, que era extranjero. ¡Imagínense, un extranjero!

Esa condición dada por el artículo constitucional especial la tenían solamente cuatro personas. El general Máximo Gómez, que era dominicano; el general Carlos Roloff, que era polaco; y dos chinos, el teniente coronel José Bu y el capitán José Tolón (Lai Wa). Ellos habían peleado en las tres guerras. Algunos historiadores plantean que Rius Rivera, quien era puertorriqueño, también la tenía, pero eso es algo que sigue en disputa. Pero bueno, estos ejemplos dicen mucho de la participación que tuvieron los chinos en la guerra de independencia.

KOPPEL: ¿Cuándo se terminó el sistema de trabajo por contrata?

SÍO WONG: "Buen trato" para los chinos, "que la religión y la humanidad exigen", era lo que recomendaba una Real Orden que dictó la reina Isabel II en 1847. La orden también aconsejaba mantener separados a los chinos de los negros.

El Consejo Real dictaminó en 1857 colocar tope a la cantidad de chinos que debían traerse a Cuba. Y ya en 1860, debido a las presiones de otras potencias extranjeras en China, España tuvo que aceptar prohibir el tráfico de mano de obra china por contrata hacia el continente americano. A pesar de ello, en realidad siguieron trayendo trabajadores chinos por contrata hasta 1874.

Durante la guerra de independencia cubana, a la corona española le inquietó el papel de los chinos en el ejército libertador. Así que en 1871, la corona emitió otro Decreto Real. Decía que debido a "las dificultades" y "graves perjuicios" causados por inmigrantes que habían roto "sus compromisos", los trabajadores chinos estaban atentando contra "el orden público" y ayudando a "los enemigos de la nación". Por tanto, en interés de "la tranquilidad", se suspendía el tráfico de trabajadores chinos por contrata a Cuba.

El 17 de noviembre de 1877, España firmó con China el Acuerdo de Pekín, en que se establecía que quedaba extinguida la criminal emigración por contrata de súbditos chinos para Cuba. Pero no fue sino hasta su publicación en *La Gaceta de La Habana*, el 29 de junio de 1879, que se divulgó en Cuba.

La creación de la comunidad china

HAWKINS: ¿Cómo se desarrollaron los barrios chinos en La Habana y en el resto de Cuba?

SÍO WONG: Aquellos chinos que cumplían sus ocho años de contrato quedaban en libertad, en su mayoría sobrevivían como vendedores ambulantes. Vendían frutas, frituras, hortalizas y otras cosas. Estos vendedores crearon el primer establecimiento chino. Hubo unos cuantos pequeños restaurantes y puestos de ventas allí donde actualmente están las calles Zanja y Rayo en La Habana. Entonces alrededor se fue creando un barrio chino donde se hablaba chino y se hablaba español. Se establecieron varios periódicos. En 1867 varios miembros de la comunidad china fundaron la primera sociedad china, llamada Kit Yi Tong.

El barrio chino llegó a ser el más importante de América Latina. Superado en América tal vez solo por el de San Francisco.

WATERS: ¿Cuál era la distribución geográfica de la población china?

SÍO WONG: Al principio los chinos se concentraron en las provincias de mayor desarrollo de la industria azucarera, La Habana, Matanzas, Villa Clara y Oriente. Pero después se extendieron a todas las provincias y ciudades.[18]

La mayoría de los chinos se dedicó fundamentalmente al comercio. Servicios gastronómicos, las lavanderías y una serie de servicios de este tipo. Si no triunfaba en Las Tunas,

18. Ver mapa en la pág. 11, que muestra la distribución de la población china en Cuba.

seguía para Camagüey, o para alguna otra parte. Como hizo el padre de Chui. En ese proceso los chinos se distribuyeron en todo el país.

WATERS: Virtualmente todos los chinos que vinieron como trabajadores por contrata eran hombres, he leído que en algunos años fue más del 99 por ciento. Esto debe haber tenido un gran impacto en el desarrollo de la comunidad china.

Sío WONG: Esa es claramente una razón por la que se fueron ligando mucho con la mujer criolla. Muchos de esos chinos se fueron casando con mujeres cubanas. En el caso de los chinos no se mantuvieron tanto las presiones contra los matrimonios mixtos, como se ve en otras comunidades, entre los judíos, por ejemplo.

En mi familia sucedió algo interesante. Nosotros somos 14 hermanos, seis hembras y ocho varones. Mi mamá exigió que todas las hembras se tenían que casar con hijo de chino y china. Ninguna podía casarse con un hijo de chino y cubana. Tenía que ser hijo de chino y china. Y así fue. Y todos los varones nos casamos con cubanas.

WATERS: ¿Qué amplitud tuvo la inmigración china a Cuba después de 1874, al eliminarse prácticamente el trabajo por contrata?

Sío WONG: Realmente se redujo. Aunque por la situación imperante en China —un país atrasado, semicolonial en que los terratenientes, los caudillos militares y los imperialistas extranjeros seguían explotando criminalmente a millones de campesinos y trabajadores—, muchos, desesperados, emigraban en busca de mejores condiciones de vida a distintos países, entre ellos, Cuba.

Discriminación contra los chinos

WATERS: ¿Qué tipo de discriminación y racismo enfrentaron los chinos?

Barrio chino en La Habana, finales del siglo XIX.

CHUI: Había muchas cosas. Por ejemplo, yo me acuerdo que había un refrán que decía "Chino Manila pa' Cantón". Cuando nos veían por ahí decían, "Chino Manila pa' Cantón". Como para decir, "Vete de aquí, regresa para Cantón". ¿Te acuerdas de eso Sío?

SÍO WONG: Sí, sí.

CHUI: Así nos veían algunas personas.

KOPPEL: ¿Por qué les gritaban "Chino Manila"? ¿A qué se refería esto?

SÍO WONG: Algunos trabajadores por contrata llegaban a través de Filipinas, que entonces también era colonia española. Esa frase de "Chino Manila" era un término despectivo para describir a todos los chinos.

CHUI: Me acuerdo que también nos decían, "Narra. ¡Oye, narra!"

SÍO WONG: Llamar "narra" a un chino en Cuba equivale a decirle "nigger" a una persona negra en Estados Unidos. En Cuba, la palabra despectiva para los negros era "niche". Al negro le decían "niche" y al chino le decían "narra, ¡oye, narra!" Es una forma despectiva, es una acepción despectiva.

Había discriminación contra los negros. Y había discriminación contra los chinos. Había lugares donde no podía entrar ninguno de ellos. La discriminación racial también tenía formas económicas.

WATERS: ¿Por ejemplo?

SÍO WONG: Desde el punto de vista del acceso a la educación, por ejemplo. Aquí había escuelas privadas, universidades privadas, y no tenían acceso. Y había clínicas privadas donde la atención médica era mejor que la que estaba disponible para los pobres.

CHUI: Había incluso clubes élite. Está el caso del dueño del Hotel Rosita, por ejemplo. Era millonario, pero era mulato, no lo dejaron entrar en un club. Este mismo tipo, bajo Batista, hizo un club social, el Club Alfonso, para mulatos y negros, pero después no dejaban entrar a los negros, ¡nada más a los mulatos que no parecieran mulatos!

Sío Wong: Había lugares élite donde no se veía el negro. Pero el chino tampoco podía estar. Aquí había playas, como por ejemplo Tarará en las afueras de La Habana, donde no podían entrar ni los chinos ni los negros. Ni los pobres podían entrar. Otra era Brisas del Mar, al este de La Habana. Era una playa privada y no se podía entrar.

En la zona de Miramar en La Habana, había una policía especial privada que pagaban los ricos. Por la noche patrullaban y a cualquiera le exigían, "Su identificación, ¿qué usted hace por aquí?"

Ese tipo de discriminación en el caso de los negros era más ostensible. En Santa Clara, por ejemplo, había un parque donde los negros se paseaban por un lado y los blancos por otro. Los chinos podían pasearse con los blancos. Pero aun dentro de eso el chino era discriminado también. Choy contaba que no dejaban entrar a su amigo en un club con su novia, porque era solo para blancos.

Entonces había discriminación contra los negros y los chinos. También había discriminación de sexo. Había discriminación del pobre.

Divisiones de clase en la comunidad china

Waters: ¿Cuál era la estructura de clases de la población china?

Sío Wong: Gran parte eran comerciantes. La colonia china estaba lejos de ser homogénea. Estaba dividida entre ricos y pobres. Había incluso comerciantes muy ricos, con un nivel de poder económico fuerte. Había un banco chino. Había una cámara de comercio china. Había chinos millonarios.

Hubo un millonario que se hizo una casa ahí al lado del río

Almendares, que ahora es el restaurante Pavo Real. Es una copia exacta de una casa que hay en Hong Kong, allá al lado del río Perla, que era la del padre. Entonces él mandó a los arquitectos allá, la copiaron exactamente, y allí está esa casa.

También estaban los chinos más pobres, los vendedores ambulantes de menores recursos, etcétera.

Cuando se habla de discriminación, los chinos estábamos discriminados aquí también. Pero yo digo que había más discriminación de los ricos contra los pobres.

WATERS: Durante los primeros 60 años del siglo XX, después de lo que se conoce en Estados Unidos como la Guerra Hispano-Americana, Washington fue la potencia imperialista dominante en Cuba. ¿Cómo afectó esto a la comunidad china?

SÍO WONG: Había una gran influencia del gobierno norteamericano en el gobierno cubano durante esas décadas. Nosotros fuimos una república mediatizada en un sistema capitalista, en la cual el embajador de Estados Unidos dictaba la política a seguir. Sumner Welles, el embajador de Franklin Delano Roosevelt en la década del 30, era famoso por imponer aquí los criterios de Washington, por ejemplo. La misión militar norteamericana tenía una gran influencia en el ejército cubano.

El dominio de Washington se reflejaba en la influencia que la dictadura de Chiang Kai-shek, respaldada por Washington, tenía en aquella época en la colonia china aquí. Chiang Kai-shek encabezó a las fuerzas contrarrevolucionarias que huyeron a Taiwan tras ser derrocadas por la Revolución China de 1949. Su partido, el Kuomintang o Partido Nacionalista, lo dirigía en Cuba un grupo de comerciantes adinerados y ejercía una influencia considerable en la comunidad china. Antes de 1959, por ejemplo, el Kuomintang ejercía su influencia en el Casino Chung Wah, que agrupaba a todas las sociedades chinas.

Después de 1949, el gobierno cubano tenía relaciones diplomáticas con Taiwan, no con Beijing, y ese consulado chino jugaba su papel en la colonia china. Su oficina estaba al lado de la del presidente del Casino Chung Wah en La Habana.

Como decía, la población china aquí estaba dividida entre ricos y pobres. En la clase adinerada la repercusión de la dominación y la influencia norteamericanas no era muy distinta de la que tuvo en la oligarquía cubana en general.

Con el triunfo de la revolución en 1959, se produce una polarización igual que en el resto de la sociedad cubana. Los ricos comerciantes y empresarios chinos, así como algunos pequeños comerciantes, se fueron del país. Sin embargo, la mayoría se integró a la revolución. La Sociedad del Kuomintang, que había estado afiliada al Partido Kuomintang, se convirtió en la Alianza Socialista, y la dirección del Casino Chung Wah la pasaron a ocupar revolucionarios. En 1960 Cuba rompió sus lazos con Taiwan y reconoció formalmente a la República Popular China, el primer país de América Latina en hacerlo.

WATERS: ¿Adónde se fueron los chinos que abandonaron Cuba?

SÍO WONG: Algunos para Taiwan. Muchos para Estados Unidos, Canadá, Centroamérica y otros países.

WATERS: En Nueva York todavía hay muchos restaurantes cubano-chinos, los cuales se crearon después de 1959.

SÍO WONG: Hay una anécdota muy cómica sobre eso. En 1988 se fue a firmar a Naciones Unidas en Nueva York el acuerdo de cese de la guerra de Angola y la independencia de Namibia.[19] Un grupo de generales que había participado en la defensa de Angola contra la invasión sudafricana fue a Nueva

---

19. Ver parte 2 de este libro.

York para la firma. Eran seis generales.[20]

Entonces un día que algunos querían comer comida china, un compañero de la misión cubana ante Naciones Unidas los lleva a un restaurante en el barrio chino. Al llegar varios compañeros, en su mal inglés empezaron a tratar de pedir la comida, pero pasaron mucho trabajo.

Al final, aquel hombre los para y dice, "Chico, no pasen más trabajo, que yo soy cubano".

Después de 1959

HAWKINS: ¿Cuál fue la principal medida que se tomó después de 1959 para eliminar la discriminación contra los chinos y los negros?

SÍO WONG: La medida principal fue hacer la revolución. No fue una medida específica, aunque sí hubo varias muy importantes, como cuando se prohíbe la discriminación en el empleo, y las playas se convierten en propiedad pública y se abren a todos.[21]

Se hizo la revolución precisamente para acabar con las desigualdades. Para que hubiera justicia social. Para eliminar la discriminación de los negros, de la mujer y del pobre. Para cerrar la brecha entre los pobres y los ricos.

KOPPEL: He oído de una unidad cubano-china que ayudó a realizar las nacionalizaciones de las grandes propiedades capitalistas en 1960, y que en los primeros años de la revolución

20. Los seis generales que estuvieron en Nueva York para la firma fueron Abelardo Colomé, Leopoldo Cintra Frías, Ramón Espinosa, Víctor Schueg, Rafael Moracén y Pascual Martínez Gil.

21. El 22 de marzo de 1959, en lo que se ha pasado a conocer como la "Proclama contra el racismo", el primer ministro Fidel Castro enunció las primeras medidas que estaba adoptando el gobierno revolucionario para prohibir la discriminación racial en Cuba. Se publicó al día siguiente en *Revolución*.

fue clave para eliminar las drogas, la prostitución y el juego en el barrio chino de La Habana. ¿Es cierto?

Sío Wong: Era la Brigada José Wong que formaba parte de la Milicia Nacional Revolucionaria. Se constituyó a comienzos de 1960. José Wong era un militante del Partido Comunista Chino que vino a Cuba allá por 1927, huyendo de la represión que realizó el Kuomintang en Cantón, después de que el ascenso revolucionario fuera aplastado allá. Él pasó a ser un luchador revolucionario contra la dictadura de Machado aquí en Cuba, junto con Julio Antonio Mella y Rafael Trejo. Lo cogen preso y lo asesinan allí en la prisión del Príncipe de La Habana en 1930.

En los primeros días de la revolución nuestro pueblo en general formaba unidades de milicianos en distintos sectores. Fueron las milicias estudiantiles en las universidades, las milicias obreras en las fábricas, las milicias campesinas en el campo. En el barrio nuestro de San Lázaro creamos una milicia que se llamaba Pepe Valladares, el nombre de un mártir de allí, caído en la lucha contra Batista. Para finales de 1959, cuando el número de unidas de milicias seguía creciendo, comenzaron a unificarse en un solo cuerpo, las Milicias Nacionales Revolucionarias.

Y la Brigada José Wong, que hizo las cosas que mencionaste, participa también en los combates de Playa Girón en 1961.[22]

Koppel: ¿Cuál es la condición de la comunidad china en Cuba hoy?

Sío Wong: Deben quedar unos 300 chinos naturales en Cuba, nacidos en China. No ha habido una inmigración significativa desde el triunfo de la revolución en 1959, entonces los que quedaron han ido envejeciendo.

Sociedades como el casino chino que mencioné han tratado

22. *Ver glosario*, Playa Girón.

de rescatar las tradiciones culturales de la comunidad china. Pero ha sido difícil, ya que prácticamente todos los hijos de los chinos están integrados a la sociedad cubana. Hemos tratado de aglutinarlos, pero indudablemente que no es lo mismo que en otros países. Las sociedades que existen tienen 40, 50 socios, y se han tenido que abrir hasta la tercera, cuarta, quinta, sexta generación de asociados para poder hacer un poco más grande la sociedad. Pero realmente superviven. Uno los puede ver allí en el barrio chino de La Habana.

WATERS: Uno de los proyectos de la Asociación de Amistad Cubano-China, que usted preside, es la restauración del barrio chino de La Habana. ¿Es esto algo reciente?

SÍO WONG: En 1993, un grupo de descendientes chinos se acercó a la Asociación de Amistad Cubano-China solicitándole el apoyo en el proyecto de rescate del barrio chino. Así surgió el Grupo Promotor del Barrio Chino. El proyecto tiene dos grandes direcciones. Una es el rescate de las tradiciones, el arte y la cultura chinos en Cuba. La otra es la reactivación del barrio chino en La Habana en su aspecto económico y comercial.

Desde el punto de vista cultural se han logrado avances significativos. La Casa de Artes y Tradiciones Chinas celebra exposiciones, concursos literarios y de artes visuales, la danza, la música, el teatro. Incluye hasta la enseñanza del idioma chino.

El proyecto de rescate ha contado también con el aporte de las distintas sociedades chinas en toda la isla, entre ellas el Casino Chung Wah, el centro principal de la comunidad china aquí.

Por otra parte, la embajada de la República Popular China en Cuba también ha brindado su apoyo. Por ejemplo, el pórtico que marca la entrada del barrio fue donado por el vice primer ministro chino Li Lang Chin.

Actualmente el Grupo Promotor funciona bajo la dirección de la Oficina del Historiador de la Ciudad de La Habana, el compañero Eusebio Leal. Es la oficina a cargo del enorme proyecto de restaurar La Habana Vieja, y ellos están en mejores condiciones para llevar adelante tan ambicioso proyecto, en el que la Asociación de Amistad Cubano-China continuará brindando todo su apoyo.

El ejemplo de Cuba

WATERS: En otros países de América Latina y en Estados Unidos hay minorías chinas. Sin embargo, las condiciones en que viven y trabajan son muy distintas de las de Cuba hoy. ¿Cómo ve los cambios que han ocurrido durante su vida?

Sío Wong: En 1999 se dio aquí en Cuba una conferencia internacional sobre la diáspora china. Hay una asociación de la diáspora china en todos los países. El presidente radica en Singapur. El evento lo auspició la Universidad de La Habana, y hubo representantes de colonias chinas de distintos países. Muchos vinieron de Estados Unidos, de Canadá, del sureste asiático.

Recuerdo que el presidente y la esposa me preguntaron, "¿Cómo es que usted, siendo hijo de chinos, ocupa un alto cargo en el gobierno, es diputado a la Asamblea Nacional, es general de la fuerza armada? ¿Cómo es posible?"

La respuesta no está en esa gran participación de los chinos en la guerra de independencia. Eso hay que estudiarlo también, ya que no se dio en ningún otro país donde llevaron trabajadores chinos por contrata. Pero aquí también, antes del triunfo de la revolución, los chinos éramos discriminados.

¿Cuál es la diferencia de experiencias entre los chinos aquí en Cuba y los de otros países de la diáspora? La diferencia es que aquí se llevó a cabo una revolución socialista. La revolución eliminó la discriminación no solo por el color de la piel. Sobre todo eliminó las relaciones de propiedad que crean la desigualdad no solo económica, sino también social entre el rico y el pobre.

Es lo que hizo posible que un hijo de un chino pudiera ser representante del gobierno, que pueda ser cualquier cosa. Aquí se acabó la discriminación: del negro, del chino, de la mujer y del pobre. Aquí los cubanos de ascendencia china estamos integrados.

A los historiadores, y a otros que quieran estudiar esta cuestión, yo les digo que tienen que entender que la comunidad china de aquí de Cuba es distinta de la de Perú, Brasil, Argentina o Canadá.

Y la diferencia está en el triunfo de una revolución socialista.

PARTE II

FORTALECIENDO LA REVOLUCIÓN

Voluntarios internacionalistas cubanos en Angola, febrero de 1990. La tropa se prepara a retirarse al final de una misión de 16 años que exitosamente defendió a Angola de la invasión sudafricana y ayudó a la caída del sistema de supremacía blanca del apartheid en Sudáfrica.

La misión internacionalista cubana en Angola, 1975–91

Entre noviembre de 1975 y mayo de 1991, más de 375 mil voluntarios cubanos respondieron a un pedido de solidaridad del gobierno de Angola. Los combatientes voluntarios participaron en una misión internacionalista para defender a Angola contra tentativas armadas de Zaire —inspiradas por los imperialistas— de anexarse Cabinda, la provincia angolana rica en petróleo, y contra dos invasiones mayores realizadas por las fuerzas armadas sudafricanas, así como los continuos operativos militares del régimen del apartheid en alianza con grupos contrarrevolucionarios respaldados por Washington.

Los primeros soldados cubanos llegaron solo días antes de que Angola obtuviera su independencia de Portugal el 11 de noviembre de 1975. Los aliados de la tropa invasora sudafricana, que contaban con apoyo norteamericano, ya se estaban aproximando a Luanda, la capital.

"Cuando el pueblo angolano estaba a punto de obtener su independencia el imperialismo planeó una forma de liquidar el movimiento revolucionario en Angola", declaró Fidel Castro el 22 de diciembre de 1975, en su primer anuncio público de la operación angolana. "Y planearon apoderarse de Cabinda, con su petróleo, antes del 11 de noviembre; tomar Luanda antes del 11 de noviembre. Y para llevar a cabo ese plan el gobierno de Estados Unidos lanzó las tropas de África del Sur contra Angola [. . .] Era un plan seguro, solo que el plan salió mal. Ellos no contaban con la solidaridad internacional", incluido "el apoyo que brindamos nosotros los cubanos también a Angola".

Ya desde la primavera de 1975, explicó Castro en el mismo discurso, el imperialismo norteamericano había estado invirtiendo decenas de millones de dólares "en abastecer de armas e instructores a los grupos contrarrevolucionarios y escisionistas de Angola". El verano de ese año, instigadas por Washington, las tropas zairenses entraron al territorio angolano, y en agosto las fuerzas sudafricanas ocuparon la zona alrededor del río Cunene en el sur. "Por ese tiempo no había un solo instructor cubano en Angola", dijo Castro. La primera ayuda material y los primeros instructores cubanos fueron enviados a comienzos de octubre a pedido del gobierno angolano cuando Angola "estaba siendo ya invadida descaradamente por fuerzas extranjeras. Sin embargo, ninguna unidad militar cubana había sido enviada a Angola a participar directamente en la contienda ni estaba proyectado hacerlo".

Para comienzos de noviembre, la situación que enfrentaba el pueblo angolano se había vuelto crítica. La decisión cubana de responder al pedido de fuerzas de combate, se describe en un recuento de la operación hecho por el escritor colombiano Gabriel García Márquez basado en extensas entrevistas con dirigentes cubanos: "La dirección del Partido Comunista de Cuba no tuvo más de 24 horas para decidir, y decidió sin vacilar, el 5 de noviembre . . . [Esa decisión] fue un acto independiente y soberano de Cuba y fue después y no antes de decidirlo que se hizo la notificación correspondiente a la Unión Soviética". La misión se llamó Operación Carlota, nombre de una esclava del central azucarero el Triunvirato en Matanzas, Cuba, quien machete en mano encabezó una rebelión de esclavos en 1843, la cual se extendió sobre un número de plantaciones de esa provincia. Conocida como Negra Carlota, fue capturada y descuartizada.

Los internacionalistas cubanos jugaron un papel decisivo para repeler a las fuerzas invasoras a solo unos cuantos kilómetros de Luanda. Para el 27 de marzo de 1976, "cuando los últimos soldados sudafricanos, después de una retirada de más de 700 kilómetros, cruzaron la frontera de Namibia, se había escrito una de las más brillantes páginas de la liberación del África negra", dijo Fidel Castro el 19 de abril de 1976.

En Cuba miles se ofrecieron voluntarios para participar en ese esfuerzo. "La inmensa mayoría se fue a Angola con la convicción plena de cumplir un acto de solidaridad política, con la misma conciencia y el mismo coraje con que 15 años antes habían rechazado el desembarco en Playa Girón", escribió García Márquez. "Por eso mismo la Operación Carlota no fue una simple expedición de guerreros profesionales, sino una guerra popular".

Al enviar soldados cubanos a Angola, señaló Castro el 26 de julio de 1976, "no hacemos un favor, sino que simplemente cumplimos un deber". Un pueblo "que no esté dispuesto a combatir por la libertad de los demás, no estaría jamás dispuesto a combatir por su propia libertad".

Tras obligársele a ir al otro lado de la frontera, el régimen del apartheid en Sudáfrica, con apoyo y asistencia del gobierno norteamericano, ayudó a iniciar una sangrienta guerra contrarrevolucionaria contra el nuevo gobierno angolano librada por la UNITA (Unión Nacional para la Independencia Total de Angola). Ante esta situación, Angola solicitó que Cuba mantuviera allí su misión internacionalista. La guerra devino un punto muerto que duró más de una década, período durante el cual murieron cientos de miles de angolanos.

Hacia finales de 1987, en un intento de romper el impasse, el gobierno angolano —guiado por el personal militar soviético que le estaba ayudando y contra lo aconsejado por la dirección cubana— emprendió una ofensiva mal concebida contra las fuer-

Angola, noviembre 1987– abril 1988

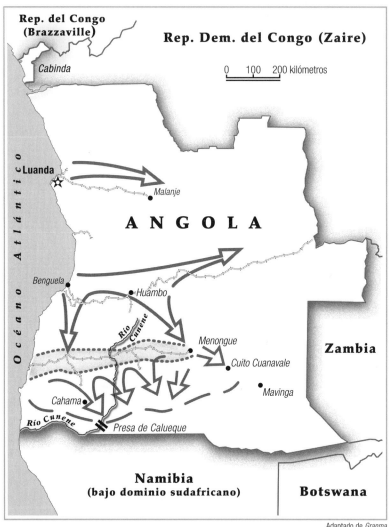

Rep. del Congo (Brazzaville)

Rep. Dem. del Congo (Zaire)

Cabinda

0   100   200 kilómetros

Luanda

Malanje

A N G O L A

Océano Atlántico

Benguela

Huambo

Río Cunene

Menongue

Cuito Cuanavale

Zambia

Cahama

Mavinga

Río Cunene

Presa de Calueque

Namibia
(bajo dominio sudafricano)

Botswana

Adaptado de *Granma*

 Flechas denotan movimiento de fuerzas cubanas-angolanas-SWAPO.

Posiciones de tropa cubana, noviembre de 1987.

Posición de avance de la tropa cubana-angolana-SWAPO, abril de 1988.

zas de la UNITA que ocupaban las provincias sudorientales del país. Con el ejército angolano sobreextendido, el régimen del apartheid vio una oportunidad de atrapar y aniquilar a las mejoras unidades angolanas, cambiando así de forma decisiva el balance de fuerzas en la guerra. Envió grandes cantidades de soldados, tanques y aviones sudafricanos, que rápidamente avanzaron cientos de kilómetros dentro de Angola, creando una situación crítica.

En respuesta, la dirección revolucionaria cubana decidió reforzar de forma masiva la misión militar de Cuba, y hacerlo rápidamente. Como explicara Castro el 5 de diciembre de 1988, "En esa acción la revolución se jugó todo, se jugó su propia existencia, se arriesgó a una batalla en gran escala contra una de las potencias más fuertes de las ubicadas en la zona del tercer mundo, contra una de las potencias más ricas con un importante desarrollo industrial y tecnológico, armada hasta los dientes; a esa distancia de nuestro pequeño país y con nuestros recursos, con nuestras armas. Incluso corrimos el riesgo de debilitar nuestras defensas, y debilitamos nuestras defensas".

La posición clave que bloqueaba un avance final de las fuerzas sudafricanas era el pueblo de Cuito Cuanavale en el sur de Angola, donde estaba rodeado un grupo de soldados angolanos y cubanos. Los defensores de ese pueblo, dirigidos por los cubanos, rechazaron repetidas arremetidas sudafricanas durante varios meses mientras fuerzas reforzadas cubanas y angolanas avanzaban hacia Cuito Cuanavale y otras montaban una operación para envolverlos por el flanco en un amplio arco hacia el sur, hacia la frontera namibia. Para marzo de 1988, las posiciones sudafricanas estaban siendo amenazadas, y las fuerzas del apartheid concluyeron de que no podrían tomar Cuito Cuanavale. Comenzó la retirada. Un recuento de esta operación y del lugar que ocupó en la lucha de liberación africana se puede encontrar en los discursos de Fidel Castro y Nelson Mandela en el apéndice, páginas 173–95.

Los sudafricanos pidieron la paz. En diciembre de 1988, se firmó un acuerdo en Naciones Unidas, en Nueva York, entre Angola, Cuba y Sudáfrica, ante la presencia de representantes del gobierno norteamericano. Los acuerdos estipulaban que Sudáfrica retirara sus fuerzas de Angola y le otorgara la independencia a Namibia. Inmediatamente después de la firma del acuerdo, Cuba y Angola acordaron el retiro de las fuerzas cubanas. Los últimos soldados cubanos salieron de Angola en 1991; unos 2 mil internacionalistas cubanos cayeron en la misión que duró cerca de 16 años.

"¡La aplastante derrota del ejército racista en Cuito Cuanavale constituyó una victoria para toda África!" dijo Nelson Mandela durante una visita a Cuba en 1991. "¡Cuito Cuanavale marca un punto álgido en la lucha por librar al continente y a nuestro país del azote del apartheid!"[23]

■

WATERS: En distintos momentos entre 1975 y 1991 ustedes tres cumplieron misión en Angola. ¿Nos pueden decir un

23. Los discursos de 1975 y 1976 que narran la historia de ese capítulo inicial de la misión internacionalista en Angola, se incluyen en *Fidel Castro Speeches: Cuba's Internationalist Foreign Policy 1975–80* (Discursos de Fidel Castro: la política exterior internacionalista de Cuba 1975–80; Pathfinder, 1981). Ese libro también incluye "Cuba en Angola: Operación Carlota" por Gabriel García Márquez. El discurso de diciembre de 1988 de Castro sobre la batalla de Cuito Cuanavale, fragmentos del cual se reproducen en el apéndice de este libro, se publicó el 7 de diciembre de 1988 en *Granma*, y en febrero de 1989 en *Perspectiva Mundial*. Los discursos de 1991 de Mandela y Castro, de los que también se reproducen aquí fragmentos mayores, se encuentran en *¡Qué lejos hemos llegado los esclavos! Cuba y Sudáfrica en el mundo de hoy* (Pathfinder, 1991).

poco más sobre esta misión internacionalista?

CHUI: La Revolución Cubana ha cumplido el legado de los internacionalistas en las guerras de independencia y en otras luchas desde entonces. Los generales Máximo Gómez, que era dominicano; Carlos Roloff, polaco; Luis Marcano, dominicano; Juan Rius Rivera, puertorriqueño, todos pelearon por la independencia de Cuba.

CHOY: Henry Reeve, *El Inglesito*.

CHUI: El Inglesito, que era norteamericano.

CHOY: Y Thomas Jordan, otro norteamericano, quien había peleado en la guerra de secesión del lado de la Confederación.

CHUI: En nuestra historia hemos contado con muchos internacionalistas que han luchado por nuestra libertad. Nosotros hemos sido consecuentes con este legado.

Cuando llevamos a cabo misiones en otros países que piden nuestra ayuda, tenemos la oportunidad de hacer lo mismo que hicieron ellos.

Le prestamos ayuda al Congo, por ejemplo, a la República de Guinea, cuando Sekou Touré era presidente. En diversos momentos también ayudamos a Guinea-Bissau, Cabo Verde, Somalia, Etiopía, Argelia, Siria, Yemen, Omán, Sierra Leona, São Tomé y Príncipe, Benín, Guinea Ecuatorial, y otras naciones en África y el Medio Oriente.[24]

En América podemos contar a Nicaragua, Granada, Guyana, e incluso hoy a Venezuela, entre otros.

24. La historia de algunos de estos esfuerzos anteriores se narra en *Pasajes de la guerra revolucionaria: Congo* por Ernesto Che Guevara (Barcelona: Grijalbo-Mondadori, 1999), *De la sierra del Escambray al Congo: en la vorágine de la Revolución Cubana* (Pathfinder, 2002) por Víctor Dreke, y *Misiones en conflicto: La Habana, Washington y África, 1959–1976* (La Habana: Editorial de Ciencias Sociales, 2003) por Piero Gleijeses.

Debemos destacar que esta ayuda ha sido de todo tipo, tanto médica, constructiva, educacional, cultural, como en misiones militares.

Sío Wong: Nuestro pueblo sostiene ideas socialistas e internacionalistas. Así se nos ha educado. ¿Qué otro país puede ofrecer 4 mil, 5 mil médicos para que realicen trabajo voluntario internacionalista cuando le solicitan ayuda? Pero no solamente médicos, sino también nuestros soldados. Los 375 mil combatientes cubanos que fueron a Angola entre 1975 y 1991, fueron todos voluntarios. Puede que eso no se conozca mucho, pero es un hecho.

A cada uno se le preguntaba: "¿Usted está dispuesto?"

"No, yo tengo a mi mamá enferma", podría responder alguien.

Se le contestaba: "Ah no, usted no va".

Era un voluntario de verdad. Esa fue una de las condiciones que establecieron el partido y Fidel. ¿Cómo se puede arriesgar la vida por una causa justa si no se es voluntario? No, no hay forma de hacerlo.

La batalla de Cuito Cuanavale

Waters: Nelson Mandela llamó a la batalla de Cuito Cuanavale en 1987–88 un "punto álgido en la historia de África". No obstante, fuera de Cuba —y en gran parte de África— la batalla es muy poco conocida.

Sío Wong: En Cuito Cuanavale a finales de 1987, el enemigo casi logra cercar totalmente a una agrupación de tropas nuestras y angolanas. Y allí se dio la batalla decisiva. La batalla duró más de cuatro meses, y en marzo de 1988 se derrotó al ejército sudafricano. Esa derrota marca el inicio del fin, de obligarlos a sentarse a la mesa de negociaciones. Y ellos aceptaron un acuerdo.

Porque si no, se seguía la ofensiva . . .

CHUI: . . . podía peligrar su estabilidad.

SÍO WONG: Sí. Y a consecuencia de su derrota se logró la independencia de Namibia, sale Mandela después de 27 años de prisión.

CHUI: "Se le partió el espinazo al ejército sudafricano", para usar las mismas palabras de Fidel.

SÍO WONG: ¿Cómo es posible que los sudafricanos, con todo su poder militar, económico, tuvieran que sentarse en la mesa de negociaciones? Desde el punto de vista estratégico, llevamos a cabo una operación de disuasión. Nuestra estrategia fue de concentrar una masa de tanques en el sur de Angola. ¿Cuántos tanques había, Chui? ¿Quinientos, mil? Deben estar los datos exactos. Era una fuerza disuasiva, que podía cruzar hacia Namibia y seguir hacia abajo.

El concepto fue siempre echar la batalla con las menores bajas posibles. ¿Cómo se logra eso? Teniendo una superioridad en la correlación de fuerzas.

En un momento de esa operación, nuestras tropas en Angola llegaron a 50 mil hombres, equipados con artillería, tanques, aviación, de los cuales un 80 por ciento estaban desplegados en el sur. Allí hicimos caminos para nuestros tanques y artillería. En dos meses construimos un aeropuerto para que nuestra aviación pudiera darles cobertura en el frente, porque los sudafricanos tenían una gran cantidad de aviones. Hasta ese momento tenían superioridad aérea.

Los dirigentes dan el ejemplo

WATERS: Compañero Chui, ¿cuáles fueron sus responsabilidades en relación con la campaña de Angola?

CHUI: Desde septiembre de 1971, fui segundo jefe de la Décima Dirección de las Fuerzas Armadas Revolucionarias, la unidad encargada de la ayuda internacionalista. Estaba al mando del comandante Raúl Díaz Argüelles, quien había

Se conoce que el mando sudafricano calculó que no menos de seis meses tardaríamos en trasladar el personal, el armamento y los aseguramientos combativos equivalentes a una división. Más tiempo demoraron los estrategas sudafricanos en darse cuenta que nosotros en duplicar el total de nuestras fuerzas y de multiplicarlas varias veces en el Frente Sur donde, al cabo de 12 años, por primera vez estuvo en nuestras manos el dominio del espacio aéreo.

Para lograrlo no faltaron hazañas laborales, como fue la construcción, en 70 días, del aeropuerto de Cahama, que puso a nuestro alcance objetivos vitales del enemigo. En ese frente desplegamos además una fuerza de golpe que contaba, entre otros medios, con 998 tanques, más de 600 transportadores blindados y 1600 piezas de artillería, morteros y medios de defensa antiaérea [. . .]

Cuito resistió. En sus accesos, todas las tentativas sudafricanas por avanzar fueron rechazadas. Su sofisticada artillería de largo alcance, que no cesó de bombardear día y noche, no logró atemorizar a las fuerzas angolano-cubanas, y resultó inefectiva.

Mientras, por el flanco sudoccidental, una poderosa agrupación, a la que se habían sumado unidades de la SWAPO, amenazaba seriamente lugares de importancia estratégica para el enemigo. Los choques con los destacamentos de exploración en Donguena y Tchipa, y el golpe aéreo contra sus posiciones en Calueque, persuadieron a los sudafricanos de que era imposible una victoria militar [. . .]

—RAÚL CASTRO

Ceremonia para recibir a los últimos internacionalistas cubanos
que retornaban de Angola, 27 de mayo de 1991.

participado en la guerra de liberación de Guinea-Bissau. En diciembre de 1975, apenas a un mes de empezada nuestra misión internacionalista en Angola, Argüelles, que estaba al mando de nuestras fuerzas allá, cae al estallar una mina, y fui designado jefe de esta dirección.

Como explicaba Moisés, yo también he tenido el honor de trabajar con tres jefes: Fidel, Raúl y Almeida. Almeida fue mi jefe en la sierra y ahora en la Asociación de Combatientes de la Revolución Cubana.

Trabajé con Raúl en el Ministerio de las Fuerzas Armadas Revolucionarias desde muy joven. Él me ha enseñado y educado. En esta institución fui jefe de varias direcciones: Armamentos, Décima Dirección, y Cuadros. También fui sustituto del jefe del Estado Mayor General.

A partir de septiembre de 1975, por dos años, tuve el honor de participar junto a Fidel y Raúl en el Puesto de Mando Especial para la dirección de nuestras fuerzas en la primera etapa de la ayuda internacionalista al pueblo de Angola. El puesto de mando de la Operación Carlota, como se conocía, dirigía el envío de fuerzas y aseguramientos, primero a nuestros instructores, y luego a nuestras tropas voluntarias en ese país.

Adquirí muchas experiencias y también recibí mis buenos "cocotazos" de Fidel. Pero es así que se aprende y se forman los cuadros de dirección.

KOPPEL: ¿En qué año estuvo en Angola?

CHUI: Estuve temporalmente en 1976, y con posterioridad cumpliendo misión en 1986, hasta 1988. Moisés, Choy y yo participamos en Angola.

Pero no solo eso. La mayoría de los oficiales de las fuerzas armadas en esa época cumplieron misión internacionalista en uno o más países africanos.

Allí adquirimos experiencia combativa, de organización de

las tropas, transportación, aseguramiento logístico. En algunos momentos lo hicimos juntos con los soviéticos.

En 1977 participé en el establecimiento de la misión militar en Etiopía, y también integré similares comitivas en los casos de Mozambique, en 1977, y Nicaragua en 1979.

En 1986 me designaron como sustituto del jefe de estado mayor de la misión cubana en Angola, cargo que desempeñé hasta diciembre de 1987. En aquel momento fui designado, a solicitud propia, jefe de la Operación XXXI Aniversario, que era el refuerzo en tropas y armamento para la batalla de Cuito Cuanavale —que había empezado en noviembre—. Esa operación la organizó y dirigió el comandante en jefe.

Sío Wong: Les voy a hacer un relato que dice un poco sobre cómo Fidel dirigió las operaciones de Angola. En 1984 ó 1985, cuando Fidel fue a la Unión Soviética para asistir a los funerales del secretario general del Partido Comunista, no recuerdo si fue Andropov o Chernenko.[25] Había una sala llena de mariscales y generales quienes se preguntaban dónde era que Fidel había estudiado estrategia, arte operativo, arte militar. Veían cómo Fidel había conducido la guerra en Angola y estaban asombrados.

Concebir una operación de esa envergadura a 10 mil kilómetros de distancia. Que no es una operación guerrillera. ¡Estábamos dirigiendo una guerra regular! ¿Cómo podía un país pequeño, sin grandes recursos —como tiene la Unión Soviética o tiene Estados Unidos— asegurar una operación a tal distancia? ¿Cómo podía derrotar a un ejército como el sudafricano, junto al ejército zairense y a los mercenarios?

Chui es testigo. Él estaba en el puesto de mando donde no-

25. El secretario general del Partido Comunista de la Unión Soviética Yuri Andropov murió en febrero de 1984. Fue remplazado por Konstantin Chernenko, quien murió en marzo de 1985.

che a noche Fidel dirigía la operación.

Fidel incluso conocía mejor el terreno que los que estábamos allá en Angola. "Ponte en el río tal, en la lomita tal", decía en sus cables. Es lo mismo que hacía en la Sierra Maestra, que él se la conocía como la palma de la mano. "Fulano, vete y ponte en tal loma", decía. Mandaba un mensaje, al Che, a Ramiro [Valdés]: "Ocupa tal posición". En Angola era igual. Le enviaba un mensaje al general Leopoldo Cintra Frías, quien era el jefe de la misión militar al final: "Polo, pon tres tanques en el camino tal. No te dejes envolver por el flanco".

WATERS: Numerosos altos oficiales cubanos ofrecieron su vida en Angola. Chui mencionaba a Raúl Díaz Argüelles, su comandante y jefe de la misión. Raúl [Castro], en uno de sus tributos a los caídos en combate en Angola señaló que una cuarta parte eran oficiales. Usted mismo, Chui, fue seriamente herido. ¿Cómo sucedió?

CHUI: Fue trasladando mi brigada de combate para la provincia de Malanje, al norte de Angola. El 5 de marzo de 1988, yo iba al frente del tercer convoy, donde se trasladaban los medios técnicos. Mi vehículo accionó una mina antitanque reforzada, y volé casi 20 metros. Quedé en un estado muy crítico.

Nuestro comandante en jefe envió un avión para traerme a Cuba, dado el estado crítico en que me encontraba. Luego de mucho batallar, la ciencia médica logró salvarme la vida. Pero para hacerlo tuvieron que amputarme la pierna derecha, que la tenía en muy mal estado. Como es típico, Fidel se interesaba a diario por mi salud, dando indicaciones precisas de cómo actuar. Fui atendido primeramente en el Hospital Hermanos Ameijeiras por un equipo multidisciplinario muy competente; y posteriormente fui trasladado para mi restablecimiento al CIMEQ [Centro de Investigaciones Médico

Quirúrgicas], terminando mi rehabilitación en el Hospital Militar Carlos J. Finlay.

Sío Wong: En nuestro ejército el jefe tiene que ser ejemplo. Nosotros le atribuimos a eso mucha importancia. Es igual con el cuadro revolucionario. Eso está en nuestro código de ética de los cuadros. El jefe debe ser un ejemplo. Eso fue siempre característico del Che. Porque él era incapaz de dar una orden que no pudiera cumplir personalmente. Y con Raúl y Fidel es igual.

Durante la guerra revolucionaria, como mencioné antes, los compañeros tuvieron que escribirle a Fidel y pedirle que no participara en los combates. Fue igual con Raúl, en el Segundo Frente Oriental. Porque Fidel y Raúl se exponían mucho en el combate. Por eso es que uno los sigue. Es una cualidad que Raúl ha inculcado a nuestros jefes militares. Son los primeros en el combate, primeros en el ejemplo personal, en la austeridad, en la forma de vida.

A Raúl los imperialistas y los contrarrevolucionarios y mafiosos de Miami le han creado una imagen tipo duro y hasta sanguinario, pero es todo lo contrario. Conozco a Raúl hace más de 40 años, de ellos siete trabajando directamente con él. Es un hombre de una exquisita sensibilidad humana. Toda su vida la ha dedicado a luchar por el pueblo. Es capaz de atender los más importantes problemas del país y estar al tanto de otros problemas familiares y personales de los compañeros y de la población.

En la vida privada, fuera de servicio, somos amigos. He compartido con su familia y algunas veces mi hermana Angelita lo invita a una comida china, pero en el trabajo él es el ministro y yo soy el subordinado. Es muy recto y exigente.

Por eso hemos podido organizar unas fuerzas armadas, con esa disciplina, con esa entrega, con esa dedicación, preparados para cualquier cosa. Como ha dicho Fidel públicamente,

Raúl es el organizador de un ejército disciplinado, un ejército proletario. CHOY: Raúl exige disciplina, la misma disciplina que él tiene. Usted lo ve ahí cómo está vestido. Ahora le exige que uno ande con gorra, que esté abotonado; él cumple el reglamento del vestuario de las fuerzas armadas estrictamente. Su uniforme siempre está abotonado correctamente.

La misión estratégica cubana

WATERS: Durante la mayor parte de tiempo que los voluntarios cubanos estuvieron en Angola, ustedes tuvieron que bregar con la UNITA, la fuerza angolana encabezada por Jonas Savimbi, que tenía respaldo de Sudáfrica y de Washington.[26] ¿Cuál era la actitud de las fuerzas armadas cubanas hacia la UNITA?

SÍO WONG: Nosotros no participamos directamente en la lucha angolana contra los bandidos de la UNITA dirigidos por Savimbi, que fue quien más se interpuso a la consolidación de la independencia de Angola. Nosotros asesoramos a las fuerzas armadas angolanas, pero no fuimos a combatir contra la UNITA.

Estábamos allí para ayudar a los angolanos, a los namibios, pero enfrentando la intervención sudafricana; enfrentando las agresiones externas. No estábamos allí para apoyar a uno de los grupos dentro del país. Es importante decirlo claramente. Nosotros fuimos muy cuidadosos, de que nuestras tropas no participaran en el combate entre los angolanos.

Fidel lo ha explicado en numerosas ocasiones. La misión estratégica de nuestra tropa era rechazar una invasión de Sudáfrica e impedir una invasión de Zaire. Nosotros no bajábamos de la frontera con Namibia. El problema interno lo

26. *Ver glosario*, UNITA.

tenían que resolver entre ellos, las partes beligerantes. Para nosotros eso siempre estuvo claro.

Choy: Solo combatíamos a la UNITA cuando nos atacaba. Nuestra misión estratégica era impedir que una invasión de Sudáfrica o de Zaire liquidara el proceso revolucionario, nacionalista e independentista en Angola.

Chui: Las guerras civiles son muy crueles, pues ciudadanos de una misma nacionalidad, y hasta familias, se enfrentan unos con otros.

Sío Wong: También tuvimos que ser muy cuidadosos porque los angolanos tenían asesoramiento soviético y de nosotros también. Aquello fue muy complejo.

Tuvimos muchas discusiones con jefes militares soviéticos sobre la formación de las fuerzas armadas populares de Angola. Porque su enfoque y el nuestro iban en dos direcciones totalmente diferentes. Los soviéticos planteaban crear grandes divisiones, brigadas de tanques, un ejército clásico. Y en el alto mando nuestro, Fidel decía que los angolanos lo que necesitaban eran unidades ligeras, no grandes unidades. Allí la selva no permitía grandes unidades de tanques.

Para una invasión extranjera estábamos nosotros allí con los grupos tácticos. Éstos estaban compuestos de pequeñas unidades de infantería, tanques, artillería y defensa antiaérea, diseñadas para que se pudieran mover muy rápido, con gran maniobrabilidad.

Además, por información de inteligencia conocíamos que los sudafricanos tenían siete armas atómicas tácticas. Lo teníamos que tener en cuenta. Eso lo sabían los americanos también, pero les permitieron a los sudafricanos que las tuvieran. Un arma nuclear te liquida una gran unidad en seguida. Entonces nuestras unidades tenían que ser pequeñas, que no fueran tan vulnerables.

Chui: También debíamos tener en cuenta el largo del tramo

para el abastecimiento. El aseguramiento de estas unidades más pequeñas no era algo tan voluminoso tampoco.

Sío Wong: Con los soviéticos tuvimos discusiones pero largas y nunca nos pusimos de acuerdo. El tiempo nos dio la razón.

Las negociaciones con Sudáfrica

Koppel: Choy, ¿cuándo estuvo en Angola?

Choy: En Angola estuve en 1980–81. Yo era sustituto del jefe de la misión para la Defensa Antiaérea y Fuerza Aérea. El comandante en jefe y el ministro de las FAR también me asignaron a colaborar con mi contraparte angolana para organizar la defensa antiaérea y la fuerza aérea de Angola.

Eso no era fácil, porque se coordinaba con los soviéticos. Los soviéticos enviaban la técnica y nosotros el personal.

Koppel: ¿Qué hizo después de retornar de Angola?

Choy: Al regresar a Cuba en 1981 fui designado a diversos cargos en la dirección de la Defensa Antiaérea y Fuerza Aérea Revolucionaria (DAAFAR).

En diciembre de 1986, el Consejo de Estado me nombró embajador en Cabo Verde, cargo que desempeñé hasta 1992. Durante esa época, en Isla Sal, que es parte de las islas de Cabo Verde, después de su derrota en la batalla de Cuito Cuanavale, se alcanzó el acuerdo con los sudafricanos. El acuerdo entre los gobiernos se firmó después en Naciones Unidas en Nueva York, pero fue en Isla Sal donde se acordó el 27 de julio de 1988 entre las delegaciones sudafricana, angolana y cubana. La esencia del acuerdo era que ellos se retirarían definitivamente de Angola, si las unidades blindadas cubanas detenían su avance hacia la frontera con Namibia y se dislocaban en una línea al norte del río Cunene, al sur de Angola.

Ese mismo día de la propuesta en Isla Sal, la vanguardia de la brigada de tanques de Enrique Acevedo había cruzado el río Cunene. Pero atrás venían varias brigadas más. Prácticamente ya íbamos para la frontera de Namibia. Los sudafricanos estaban asombrados del curso de los acontecimientos. Hay una anécdota de esto ocurrida en las negociaciones de Isla Sal.

Como les decía, los sudafricanos habían planteado que estaban dispuestos a retirarse definitivamente de Angola si las unidades militares cubanas detenían su marcha hacia la frontera con Namibia y regresaban a una línea al norte del río Cunene. Los sudafricanos dieron la línea. Cuando la delegación militar cubana analizó la línea, se dio cuenta que estaba tan cerca del río que cuando había lluvia eso era un fanguisal. Y los tanques ahí no podían moverse, corriéndose el peligro real de que cientos de estos medios blindados fueran fáciles blancos inmóviles en caso de reanudarse la guerra. Por lo que la delegación propuso una línea más alejada todavía de la frontera con Namibia.

Al proponer esto, los sudafricanos dijeron: "Bueno, ¡parece que los cubanos son muy buenos!"

Después vino una nueva reunión en Isla Sal, un año y pico después, para verificar la implantación del acuerdo. La delegación sudafricana en esa segunda reunión la encabezaba el viceministro primero de relaciones exteriores Van Heerden, quien trataba el tema de Angola allá, más cuatro generales de ellos. Nuestra delegación incluía al general Leopoldo Cintra Frías (Polito) y a mí.

Los sudafricanos realmente empezaron tratando de sobornarnos. Van Heerden empezó a explicar que Sudáfrica destinaba 500 millones de rands [200 millones de dólares] anuales para "sostener" a Namibia. Y dijo que estaban dispuestos —ya entonces Namibia era libre— a seguir aportándole a Namibia este dinero, siempre y cuando en la frontera hubiera tranquilidad. ¿Qué quería decir esto? Que no se apoyara al

Congreso Nacional Africano (ANC) ni a otros movimientos de Sudáfrica. Es decir que, prácticamente, nos pedía que cometiéramos una traición y que presionáramos a la SWAPO (Organización Popular del África Sudoccidental) para que traicionara la lucha antiapartheid en Sudáfrica. Por supuesto, la máxima dirección política de nuestro país no aceptó.

En un momento de la reunión, el jefe de nuestra delegación, Carlos Aldana, le dice al general Cintra Frías, "General, infórmele al señor Van Heerden qué armamento hemos retirado".

Polito informa la cifra en hombres, cañones y 800 tanques. Van Heerden se quedó así, boquiabierto.

Sabían que aun con las fuerzas retiradas, en el sur de Angola todavía quedaban miles de cañones, tanques y otros medios blindados y hombres.

"¿Y qué van a hacer ustedes en Cuba con tantos tanques y tantos cañones?", preguntó Van Heerden.

Se le respondió: "Seguramente se los daremos a las Milicias de Tropas Territoriales".[27]

Pero él seguía boquiabierto. Claramente, esa fuerza los sudafricanos no la habrían podido resistir en su avance hacia la frontera con Namibia.

Toda Cuba respalda el esfuerzo de Angola

WATERS: General Sío Wong, ¿cuáles fueron sus tareas?

SÍO WONG: Cumplí misión en Angola en 1976. Fui jefe de logística, es decir, del aseguramiento de la misión militar: una operación realizada a 10 mil kilómetros de distancia por un país pequeño.

Recuerdo que leí un artículo en el *New York Times*, que decía que cómo se asombraba el gobierno norteamericano de la operación que habíamos hecho. Decía que tuvo un asegura-

---

27. *Ver glosario*, Milicias de Tropas Territoriales.

miento logístico extraordinario, de cómo a los soldados cubanos en la trinchera no les faltaba ni el Havana Club. Mentira, eso era mentira. Quizás estaban pensando cómo a los soldados americanos les llevan hasta el pavo del día de fiesta, el helado, etcétera.

El aseguramiento, sí. El combatiente tiene que tener un apoyo mínimo. Nosotros pudimos hacer eso porque somos un país socialista. Dentro de lo que permitían nuestras limitaciones materiales, todos los recursos necesarios se pusieron a la disposición.

Hay que reconocer la valentía de los compañeros que se montaban en aquellos Britannias viejos. Esos aviones de cuatro motores, obsoletos, y que para el comienzo de la misión angolana a mediados de los 70 ya estaban prácticamente en desuso. Les instalamos unos tanques de combustible adicionales para que pudieran llegar desde aquí hasta Isla Sal, frente a la costa de África occidental. Primero tenían que hacer una escala en Guyana y después otra en Isla Sal. Los primeros instructores llegaban a Angola de tres saltos. Para volar en aquellos Britannias había que ser valiente, estar dispuesto a jugarse la vida. Después, los soviéticos aprobaron el uso de los IL-62 para hacer varios vuelos, para llevar a parte de nuestras tropas. Me acuerdo que fueron 10 vuelos al principio de la misión. Yo fui en uno de esos vuelos.

Se llevaron miles de efectivos y una gran cantidad de técnica de combate. Fue una operación secreta que se hizo también desde varios puertos. Utilizamos nuestra flota mercante para hacer el envío por mar. Eso solamente lo podía hacer un país como Cuba. Con ese espíritu solidario.

Repito: para estas misiones internacionalistas pusimos a todo el país en función de ese esfuerzo. Porque consideramos que era algo vital.

No, no les llevamos la botella de Havana Club, pero todo lo

imprescindible sí estaba asegurado. Mantuvimos un puente de abastecimiento a una distancia de 10 mil kilómetros. Eso lo hacen países tan poderosos como Estados Unidos, Rusia, que tienen grandes flotas de aviones y barcos. Los militares de Estados Unidos, por ejemplo, tienen diseñadas sus fuerzas armadas para librar dos guerras en dos frentes al mismo tiempo. Y tienen la técnica de combate para eso. Y tienen todo el aseguramiento, toda la logística.

Por haber sido jefe de logística, me llamó la atención ese artículo en el *New York Times*. Pero ese esfuerzo se logró porque el país completo se puso en función de esto, a fin de poder mantener el aseguramiento de esas tropas. Eso aún no está escrito en la historia, pero fue una hazaña.

Desde el punto de vista humano: nuestras tropas fueron a Angola a una misión internacionalista. También eso fue parte del trabajo anónimo de nuestro pueblo. La gente no preguntaba para dónde iba, porque tampoco se podía decir. Por ejemplo: íbamos a embarcar tal regimiento por el puerto de Nuevitas, en Camagüey. Y allá se les ponía una leyenda, que decía que el regimiento de La Habana iba a una maniobra allá al polígono nacional de las FAR. Y se embarcaba el regimiento en secreto en la noche. En una travesía sin escolta, en que podían hundir un barco perfectamente. O sea, un barco cargado con mil combatientes, fácilmente podía ser atacado por un pirata de esos con una lancha rápida, podía atacarlo con un bazookazo. Nosotros corríamos ese riesgo. Por eso había que hacerlo en secreto.

Eso lo van a tener que estudiar algún día las academias militares. ¿Cómo fue posible? Fue con la participación de todo el pueblo, indudablemente.

CHUI: Ese esfuerzo tenía un apoyo de la población en general. De eso no cabe duda. El pueblo podía apreciar esa visión de liderazgo que se estaba demostrando. Confiaba en Fidel como líder. Aun cuando el campo de batalla estaba en Angola, entendían perfectamente las instrucciones que llegaban de aquí y las seguían directamente.

Un punto álgido en la historia de África

KOPPEL: En Estados Unidos la gente sabe muy poco del papel de la Revolución Cubana para ayudar a las luchas antiimperialistas en Angola y el resto de África. Pero va a haber gran interés para saber de esto.

CHUI: Nosotros fuimos un factor determinante en los años 70 en la conquista de la independencia de las tres grandes colonias del imperio portugués en ese continente: Angola, Mozambique y Guinea-Bissau y Cabo Verde. Sin embargo, hay hechos que no se destacan mucho.

En el caso de Guinea-Bissau, por ejemplo, el PAIGC [Partido Africano para la Independencia de Guinea y Cabo Verde], dirigido por Amílcar Cabral, solicitó la ayuda cubana en la lucha por la independencia de su país. Y nuestras tropas desempeñaron un papel importante en el derrocamiento del ejército portugués, quedando liberada la mayor parte de Guinea-Bissau para 1973. Ese suceso tuvo un enorme impacto en el gobierno de Portugal, y contribuyó a la "Revolución de los Claveles" de 1974, a partir de lo cual se produjo un "efecto dominó" en las colonias portuguesas, le siguió Angola, Mozambique y São Tomé y Príncipe.[28]

Choy conoce bien esa historia, de los años que fue embajador en Cabo Verde.

Destaque especial merece el caso de Angola, donde nues-

---

28. La dictadura portuguesa fue tumbada en abril de 1974 (ver glosario, Revolución portuguesa). Mozambique obtuvo su independencia en junio de 1975. São Tomé y Príncipe logró la independecia en julio de 1975; Angola en noviembre de 1975.

tras tropas permanecieron luchando junto al pueblo angolano durante más de 15 años, y no solo ayudamos a derrotar al
ejército sudafricano, sino también a la eliminación del apartheid y la independencia de Namibia.

De nuestro desempeño en África, los cubanos no trajimos
nada material para Cuba. Solo nuestros muertos, heridos y la
satisfacción del deber cumplido.

SÍO WONG: La historia demostró que teníamos razón. Nosotros no estábamos luchando solamente por Angola. Estratégi-
camente, estábamos luchando contra el apartheid. Y efectivamente en Cuito Cuanavale, cuando se le partió el espinazo a
ese ejército, tuvieron que sentarse a la mesa de negociaciones,
darle la independencia a Namibia, liberar a Nelson Mandela
y acelerar el proceso que poco después llevó a la destrucción
del apartheid mismo.

Angola fortaleció a la Revolución Cubana

WATERS: ¿Qué impacto tuvo aquí en Cuba? No todo el mundo estuvo de acuerdo en emplear esos recursos o mantener
esa trayectoria tantos años. ¿Cómo fortaleció la lucha antiimperialista en África a la Revolución Cubana?

CHOY: Bueno, realmente fue un fortalecimiento ideológico.
Porque todos los que fuimos habíamos estudiado sobre la
esclavitud, sobre la explotación del hombre por el hombre, la
explotación de los países del sur de África. Habíamos estudiado los males que el colonialismo hizo y hace todavía. Pero
solo lo habíamos leído en los libros.

En el caso personal mío —y estoy seguro que a otros cubanos les pasó lo mismo— llegamos allí y pudimos ver con
nuestros propios ojos lo que era el sistema colonial. Una total
diferenciación entre los blancos, los europeos —en este caso
eran los portugueses— con los nacionales nativos. Vimos la
explotación a que eran sometidos. Nosotros veíamos un país

tan rico como ese y, sin embargo, para nosotros las condiciones en que vivían los angolanos eran infrahumanas. Porque les robaban las riquezas del país. Porque vimos que los colonialistas no preservaban los bosques ni las tierras.

A veces nosotros íbamos en los vehículos, y las personas que iban por ahí se quitaban de la carretera corriendo cuando oían que veníamos. Luego supimos por qué. Bajo el régimen portugués, si los nativos no se quitaban, a veces los colonialistas les daban con el vehículo. Y entonces ya a través de generaciones de maltratos de ese tipo, cada vez que sentían que venía un vehículo se quitaban corriendo. Y no solo de la orilla. Se quitaban porque habían sido maltratados durante años y siglos.

La principal lección de esta misión fue el palpar la crueldad del colonialismo con los nativos y el robo sin recato de sus riquezas naturales. Un país con tantas riquezas naturales como Angola y, sin embargo, ¡la población enfrentando las necesidades más básicas!

Por eso decía que conocer la verdad nos fortaleció ideológicamente. Igual sucede siempre que vemos cómo en muchos países capitalistas una capa de la población carece de las condiciones básicas para vivir. La primera vez que pasé por Madrid, por ejemplo, fue en un mes de diciembre con mucho frío. En la Gran Vía —que es la principal arteria de esa gran ciudad—, vi durmiendo personas tapadas con sacos, con periódicos, cerca del escalón de calefacción.

Hay cosas que uno leyó en los libros y que uno creía que eran ciertas. Pero hasta que uno no las vio, no pudo comprender con profundidad la realidad sobra la que Carlos Marx escribió. Esa, creo, es una de las lecciones que todos aprendimos de esas misiones internacionalistas.

Son las mismas lecciones que aprenden los médicos nuestros, los entrenadores de deportes y de otras especialidades que van a muchos de esos países, incluso países que tienen riquezas naturales, pero que tienen un atraso tremendo y tienen grandes contrastes. Los recursos no se usan en función de la masa de la población. Y este atraso no es solo en África, sino en América también.

Bolivia por ejemplo, tiene muchas minas de estaño, tiene petróleo y gas natural. Sin embargo, allí hay un atraso tremendo. Ecuador, igual, aun cuando es uno de los principales exportadores de petróleo. Siempre hay problemas sociales, porque gran parte de la población vive en condiciones virtualmente infrahumanas. Hasta que uno no ve esas realidades, no comprende hasta dónde llega el problema. No comprende las necesidades de esos pueblos. El contacto directo con ellos fortalece nuestra comprensión. Esas misiones hicieron concreto ese entendimiento.

En misiones diplomáticas uno ve esa misma realidad desde otro ángulo. Yo pude ver las presiones que Washington y las demás potencias imperialistas ejercen sobre esos países.

Una vez estaba hablando con el secretario de estado de la cooperación de Cabo Verde, cargo equivalente al de viceministro del exterior. Era una buena persona, teníamos buenas relaciones. "El embajador norteamericano habló conmigo sobre este problema y nos amenazó con que si la postura nuestra era tal", me explicó, "ellos iban entonces a restringirnos la ayuda económica". Esas son cosas que lees, pero es distinto cuando uno mismo las ve y las oye. Yo tuve oportunidad de observarlo cuando era diplomático. Y a veces tampoco puedes hacer manifestación de palabra. Yo pensé que los caboverdianos debían hacer una declaración, pero ellos no lo hicieron. Y eran países amigos. Ellos evitaban hacer una declaración que chocara con los intereses de Estados Unidos.

Eso era así.

CHUI: Como decía Choy, esta experiencia a todos nos desarrolló desde el punto de vista político-ideológico. Pero el mayor impacto lo tuvo en los soldados. En Angola y otros países de África ellos palparon el analfabetismo, la miseria, la incultura, la insalubridad, la situación en la que viven todavía esos pueblos.

Déjenme decirles una anécdota. Una vez en Angola matamos un puerco, y yo le dije a uno de los soldados cubanos que le diera un pedazo de pierna a los angolanos, a lo que éstos respondieron que no lo querían. Al indagar por qué no lo querían, respondieron que querían las vísceras, las tripas. Eso era lo que el amo colonial acostumbraba darles siempre. Estaban acostumbrados a comer eso. En realidad no les gustaba otra parte, por no tener el hábito.

Nuestros combatientes pudieron observar que en esos países hay poblaciones que tienen necesidades que nosotros no las tenemos y aprendieron en general muchas lecciones, adquirieron valiosas experiencias de las desigualdades e injusticias del mundo de hoy.

Hay muchos en el mundo que detractan nuestra actitud de ayudar a los pueblos de otras naciones que combaten la opresión imperialista. Pero en Cuba esto nos permitió consolidar el desarrollo político e ideológico de esa juventud que fue a combatir y ayudar a otros pueblos, que comprendieron la justeza de su lucha y se enorgullecieron posteriormente de su misión. No podría haber mejor ejemplo de esto que el de los Cinco Héroes que actualmente son prisioneros del imperio a causa de la misión internacionalista que estaban llevando a cabo en defensa del pueblo cubano contra ataques terroristas. Ellos son parte de esta generación y tres de ellos cumplieron misión en Angola.[29]

29. En septiembre de 1998, el FBI anunció los arrestos de 10 personas, diciendo con gran alboroto que había descubierto una "red

Sío Wong: Además de lo que expresaron los compañeros, hay que agregar lo que experimentan nuestros jóvenes médicos cuando van a otros países. Es chocante. Que se les muera un paciente porque no tiene dinero. Eso no lo tenemos aquí en Cuba. Esa vivencia vale más que cien lecciones del manual de marxismo. Es una preparación tremenda para los jóvenes.

Ahora no tenemos misiones internacionales combativas. Tenemos otro tipo de misión, con médicos, maestros y demás. El simple hecho que estos compañeros van y viven en un país capitalista tiene un impacto profundo. Eso es algo que nosotros tres lo vivimos cuando crecimos. Pero los jóvenes

---

de espías cubanos" en Florida. En junio de 2001, cinco acusados —Fernando González, René González, Antonio Guerrero, Gerardo Hernández y Ramón Labañino— fueron condenados bajo cargos de "conspiración para obrar como un agente extranjero no registrado". Guerrero, Hernández y Labañino fueron declarados culpables de "conspirar para cometer espionaje" y Hernández de "conspirar para cometer asesinato". Les impusieron condenas que van desde 15 años de prisión hasta cadenas perpetuas dobles más 15 años. Los cinco revolucionarios —cada uno de los cuales fue nombrado Héroe de la República de Cuba— habían aceptado misiones para infiltrar grupos contrarrevolucionarios en Estados Unidos y mantener informado al gobierno cubano sobre ataques terroristas que se planificaran contra el pueblo cubano. Millones alrededor del mundo se han movilizado para denunciar las condenas y las duras condiciones bajo las que los tienen presos y exigir su libertad.

En agosto de 2005, un tribunal de apelaciones norteamericano en Atlanta, derogó los veredictos y las condenas, y ordenó un nuevo juicio en otra localidad, al fallar que el "prejuicio preponderante de la comunidad contra Fidel Castro y el gobierno cubano y sus agentes y la publicidad en torno al juicio y demás sucesos en la comunidad se combinaron para crear una situación en la que [los acusados] no lograron obtener un juicio justo e imparcial" en el condado de Miami-Dade.

René González fue a Angola como combatiente internacionalista voluntario a finales de los 70. Fernando González y Gerardo Hernández lo hicieron a finales de los 80.

de hoy no lo vivieron.

Uno puede decirle mucho a los hijos sobre cómo fue el pasa-do. Me acuerdo que cuando era joven mis hermanos hablaban del machadato, la dictadura de Machado que hubo aquí en los años 30. Me hablaban de la gran crisis económica de aquellos años. Pero no es lo mismo que verlo, palparlo, vivirlo. No es lo mismo decir, "el capitalismo es esto y esto", no es lo mismo. No, vívelo ahí. Eso es una experiencia para nuestros jóvenes, para nuestro pueblo. Porque después quienes van —médicos, instructores, técnicos, especialistas— eso se lo transmiten a toda la familia.

WATERS: ¿Tuvo un impacto la misión internacionalista en Angola en la disposición de defensa cubana?

SÍO WONG: Quería hablar sobre eso, también, de cómo nos ha servido a nosotros. Más de 300 mil cubanos adquirieron experiencias combativas reales en Angola. Eso tiene que to-marlo en cuenta el Pentágono cuando hace sus análisis.

Ahora están desclasificando algunos documentos, como algunos sumamente secretos de la Crisis de Octubre de 1962. Revelaron de forma muy concreta cómo los gobernantes nor-teamericanos evalúan sus decisiones. Kennedy le preguntó a los jefes del Pentágono qué cantidad de bajas iban a tener en una invasión a Cuba. Y le dijeron que el cálculo era de 18 mil en los primeros 10 días. El cálculo es muy grande, el precio sería muy costoso.[30]

Como decía el comandante en jefe que en la Crisis de Oc-tubre aquí nadie tembló ni se atemorizó. Realmente hay un pueblo dispuesto, firme y decidido.

Eso es lo que el Pentágono debe tomar en cuenta.

---

30. Esto se relata en *Haciendo historia, op. cit.*, págs. 30–31.

La guerra de todo el pueblo

WATERS: General Sío Wong, la tarea que usted ha tenido por casi 20 años —presidente del Instituto Nacional de Reservas Estatales de Cuba— está estrechamente vinculada a la defensa de Cuba. ¿Nos puede explicar qué son las reservas?

Sío WONG: El Instituto Nacional de Reservas Estatales se formó en 1981. Durante las décadas de 1960 y 1970, el gobierno acumuló reservas para tiempo de guerra u otras emergencias. Las FAR acumularon sus propias reservas. Sin embargo, a finales de los 70, reconocimos la necesidad de incrementar sistemáticamente estas reservas y de crear un organismo que se ocupara integralmente de la dirección y control de las mismas.

La tarea del INRE consiste en acumular recursos materiales para garantizar el normal desarrollo y el funcionamiento de la economía en tiempo de paz, prevenir y atenuar las consecuencias de desastres y fortalecer la capacidad defensiva del país.

WATERS: Señaló que el INRE se creó en 1981. Las amenazas de Washington contra Cuba arreciaban en aquel momento debido a la solidaridad cubana con los nuevos gobiernos de trabajadores y agricultores en Granada y Nicaragua.

Sío WONG: Sí, el INRE se forma precisamente cuando se endurece la política de Estados Unidos hacia esas revoluciones. Reagan acababa de asumir la presidencia. Hacía algún tiempo los soviéticos nos habían dicho que nosotros no estábamos debajo de la sombrilla atómica. Esto lo ha explicado públicamente Raúl.[31] Fue entonces que cambiamos nuestra doctrina militar. Adoptamos la doctrina de la Guerra de Todo el Pueblo. O sea, nos defendemos con nuestras propias fuerzas y medios, basados en que cada hombre —y cada mujer— tenga un arma: un fusil, una mina, una piedra, algo para combatir al enemigo.

Nosotros tenemos organizada la primera reserva en las Milicias de Tropas Territoriales, que se crearon en 1980 pero que su origen data de las Milicias Nacionales Revolucionarias creadas en 1959. Además, una gran parte del pueblo está organizado en las Brigadas de Producción y Defensa.

Muchos amigos nos señalan que no firmamos el tratado de minas antipersonales. López Cuba lo definió muy bien en *Haciendo historia*. La mina antipersonal es el armamento del pobre. Nosotros no tenemos cohetes ni tenemos armas atómicas. Pero tenemos que defendernos. Además, la mina es un arma defensiva, netamente defensiva.[32]

WATERS: ¿Y la reserva estatal es un arma defensiva también?

SÍO WONG: Una de las misiones de la reserva precisamen-

---

31. En una entrevista de 1993 con *El Sol de México*, Raúl Castro relató que en 1981 se había reunido con altos dirigentes soviéticos, entre ellos el secretario general del Partido Comunista Leonid Brezhnev, para discutir cómo responder a la escalada de amenazas de Washington. La dirección soviética explícitamente le explicó a Castro que no estaba dispuesta a defender a Cuba de un ataque estadounidense. "Nosotros no podemos combatir en Cuba, porque ustedes están a 11 mil kilómetros", informó Castro que le dijo Brezhnev. "¿Vamos a ir allá para que nos partan la cara?" La entrevista se publicó también en *Granma* en abril de 1993.

32. *Haciendo historia, op. cit.*, págs. 47–49.

te es fortalecer la capacidad defensiva del país. Ojalá que no tengamos que usarlas en tiempo de guerra. La mejor forma de ganar la guerra es evitándola. Para evitarla tenemos que ser fuertes.

Si vamos a marcar un momento que demostró esta preparación para la defensa fue el ejercicio estratégico Bastión 2004 que se realizó en diciembre de ese año. Participó todo el país. Cientos de miles se movilizaron el último día del ejercicio, que duró prácticamente siete días. Hacía aproximadamente 10 años que no se hacía un ejercicio así en Cuba. Creo que el último se hizo en 1996. Bastión 2004 fue dirigido personalmente por el comandante en jefe como presidente del Consejo de Defensa Nacional. Se comprobó que nuestro pueblo, el país, está preparado para enfrentar una agresión.

Hemos analizado las guerras estadounidenses contra Yugoslavia e Iraq y se ha intensificado la preparación del pueblo para fortalecer la capacidad defensiva del país. La doctrina norteamericana es usar la tecnología y el poderío militar que tienen —aéreo y coheteril— para doblegar al adversario con el menor número de bajas norteamericanas posible. Eso fue lo que hicieron en Yugoslavia. Es lo que estaban tratando de hacer también en Iraq. Ellos creyeron que iba a ser un paseo.

En la guerra de Yugoslavia, la fuerza armada de Estados Unidos utilizó su poderío aéreo para doblegar al gobierno yugoslavo en 79 días. Si hubiese sido posible resistir unas semanas más, la opinión mundial habría seguido cambiando en oposición al bombardeo. El Pentágono estaba analizando qué se requeriría para una invasión por tierra. Conocían una particularidad de Yugoslavia: que durante la Segunda Guerra Mundial los guerrilleros de Tito fortificaron aquellas montañas y que en años posteriores el país fue perfeccionando su defensa. Hemos mandado delegaciones militares allí a estudiar el sistema defensivo yugoslavo. Todas las reservas necesarias están metidas bajo túneles, en las montañas. Así que los 79 días de bombardeos norteamericanos no afectaron ni en un uno por ciento al ejército de Yugoslavia. La OTAN y el Pentágono calcularon la cantidad de bajas que iban a tener en una agresión terrestre. Es lo que querían evitar. En una guerra, al final, el territorio tiene que ocuparse por tierra.

"Una guerra por televisión", decían algunos de forma insensible, al referirse a la agresión norteamericana. "Hoy vamos a bombardear la termoeléctrica, mañana vamos a bombardear tal puente", etcétera. Pero con eso doblegaron la voluntad política de resistencia del gobierno yugoslavo.

Eso no sucedería en Cuba. Nuestro pueblo no está dividido. Nuestros generales no se venden, como pasó en Iraq. Se abre una cuenta allí en Suiza, compran a los generales y las tropas no combaten.

No es que los imperialistas no nos puedan bombardear e invadir. La guerra de Vietnam duró más de 10 años. Los norteamericanos tuvieron 58 mil soldados muertos. La resistencia del pueblo vietnamita hizo posible que se generara un fuerte movimiento contra la guerra dentro del propio Estados Unidos. Al final los gobernantes de ese país tuvieron que retirarse de Vietnam.

En caso de una agresión a Cuba, en solo un año —es decir, más o menos un décimo de lo que duró la guerra de Vietnam— el número de bajas de Estados Unidos no puede ser menos de 10 mil. El cálculo lo hemos hecho de acuerdo con la preparación que han adquirido las Fuerzas Armadas Revolucionarias y el pueblo de Cuba, demostrada en Bastión 2004. Crecería la oposición contra la guerra entre el pueblo de Estados Unidos, como pasó durante Vietnam.

Pero para resistir hay que tener reservas. Para obligar a los imperialistas a decidir si es que van a pelear por tierra y a asumir un número de bajas que va a tener su impacto en el apoyo a la guerra: para hacer eso hay que tener reservas. Para nosotros las más importantes son las reservas patrióticas de nuestro pueblo. Pero también debemos tener las materiales. Somos una isla. Nos pueden bloquear fácilmente. Es lo que hizo el gobierno norteamericano durante la crisis "de los misiles" en octubre de 1962.[33] En tales circunstancias, ¿qué cantidad de petróleo se necesitaría? ¿Qué cantidad de alimentos para darle de comer a 11 millones de habitantes? No podemos depender del petróleo extranjero, de la coyuntura del mercado mundial.

Todos los países tienen reservas. Pero el país que tiene la mayor cantidad de tipos de productos en sus reservas es Cuba. No solamente combustible, lubricante, alimentos, medicamentos y materias primas, sino también los lápices y las libretas para que las escuelas sigan funcionando.

Hay un decreto del presidente del Consejo de Estado, en el cual Fidel define nuestra política sobre las reservas. En el primer "por cuanto" dice:

"El incremento, conservación y control de las reservas materiales es una condición indispensable para la seguridad de

---

33. Ante la escalada en los preparativos de parte de Washington para una invasión a Cuba en la primavera o el verano de 1962, el gobierno cubano firmó un acuerdo de defensa mutua con la Unión Soviética. En octubre de 1962, el presidente norteamericano John F. Kennedy exigió el retiro de los misiles nucleares instalados en Cuba tras la firma del pacto.

Washington ordenó un bloqueo naval de Cuba, acelerando sus preparativos para invadir y puso a las fuerzas armadas estadounidenses en estado de alerta nuclear. Millones de trabajadores y agricultores cubanos se movilizaron para defender la revolución. Después de un intercambio de comunicaciones entre Washington y Moscú, el 28 de octubre el premier soviético Nikita Jruschov, sin consultar con el gobierno cubano, anunció su decisión de retirar los misiles.

la nación, la alimentación y el bienestar del pueblo".

Ese es el papel de las reservas. Es lo que explicó Fidel en enero de 2005 en la reunión internacional de economistas, cuando dijo que Cuba ha alcanzado la invulnerabilidad militar y que estamos trabajando para lograr la invulnerabilidad económica.

WATERS: Dos amplios retos económicos y sociales que están recibiendo considerable atención a nivel de dirección son los problemas en el sistema de generación eléctrica y los efectos de la sequía sin precedentes en varias provincias orientales de Cuba. Estos también son problemas estratégicos, que no están desvinculados de los de las reservas y la capacidad de Cuba de defenderse. ¿Puede describir qué es lo que están afrontando?

SÍO WONG: Nuestro sistema electroenergético nacional se diseñó hace más de 40 años. El sistema nació con las relaciones favorables que teníamos con la Unión Soviética en aquel entonces. Todo el petróleo, todas las piezas, los cables, la tecnología, todo, venía de la Unión Soviética. Pero para operar cualquier cosa producida con tecnología soviética había que ponerle un tanque de petróleo atrás. Otro avión de petróleo atrás. Con los automóviles era igual, con los camiones y los tractores también.

Todo el sistema electroenergético nacional está basado en siete plantas termoeléctricas principales enlazadas. Eso significa que el sistema es muy vulnerable. Se te cae una planta y eso provoca serias consecuencias para todo el sistema. El año pasado se dañó el eje de la turbina de la Antonio Guiteras en Matanzas. Esa es nuestra termoeléctrica más moderna y más eficiente, construida con tecnología francesa. Hubo que desmontar el eje, contratar un avión y mandarlo a México para repararlo. Al salir esos 350 megawatts, se desestabilizó todo el sistema.

"*La corona española trajo mano de obra china por contrata como alternativa a los esclavos africanos. Entre 1848 y 1874, llegaron a Cuba unos 141 mil chinos y un número similar llegó a Estados Unidos. En 1870 la población cubana era de 1.4 millones; Estados Unidos tenía 38 millones*".

1. Contrata, en español y en chino, para trabajadores chinos, 1861.

2. Trabajadores chinos construyen vías férreas en Estados Unidos durante el siglo XIX. Miles emigraron después de Estados Unidos a Cuba.

3. Esclavos negros picando caña en Cuba.

Biblioteca Nacional José Martí

1. Soldados del ejército emancipador de Cuba, 1898.
2. Monumento en La Habana a los chinos que pelearon en las guerras independentistas cubanas. En la base están grabadas las palabras del general Gonzalo de Quesada: "No hubo un chino cubano desertor. No hubo un chino cubano traidor".

"En la guerra independentista cubana participaron miles de chinos. Dicen que de estos no hubo un solo desertor, no hubo un solo traidor".

Biblioteca Nacional José Martí

Biblioteca del Congreso

1

"En Cuba, antes de la revolución, había discriminación contra los negros y contra los chinos. La población china estaba dividida en clases, había ricos y pobres".

A finales del siglo XIX y comienzos del siglo XX, después que la mano de obra por contrata llegara a su fin, se desarrollaron comunidades chinas en ciudades y pueblos por toda Cuba. La mayoría de chinos se dedicó al comercio en pequeño y al mayoreo. Algunos llegaron a ser muy ricos.

Cortesía de Armando Choy

3

Bohemia

4

1. Recepción para el embajador chino ante Cuba, celebrada en la Cámara de Comercio China en La Habana, en los años 40. El cuadro al fondo es de Chiang Kai-shek, Franklin Roosevelt, Winston Churchill y Madame Chiang Kai-shek, Cairo, 1943. **2.** Vendedor ambulante chino en La Habana, finales de los años 40 o comienzos de los 50.

3. Armando Choy (izquierda), trabajando en la bodega de su padre en Santa Clara, 1952–53. **4.** Durante los 40, había cuatro diarios chinos en Cuba. En la foto, clientes de un comedor leen el *Man Sen Yat Po*, periódico del Partido Kuomintang en Cuba, 1949.

"Fuimos adquiriendo conciencia de lo injusto del régimen de Batista. Cuando se fundó el Movimiento 26 de Julio, nos unimos a él".

Archivo de Granma

1. El 10 de marzo de 1952, Fulgencio Batista derrocó al gobierno electo de Cuba y estableció una dictadura cada vez más brutal respaldada por Washington. Batista con sus soldados el día del golpe. **2.** Fidel Castro organizó un movimiento revolucionario para derrocar a la tiranía. Su primer acto fue un ataque contra el cuartel Moncada en Santiago de Cuba el 26 de julio de 1953. Castro y otros combatientes capturados son conducidos a la cárcel una semana después.

3. Armando Choy (izquierda) en protesta estudiantil contra la dictadura batistiana, Santa Clara, 20 de mayo de 1957. La marcha fue rápidamente disuelta por la policía. Choy y otros fueron arrestados más tarde ese día. **4.** Manifestación estudiantil en La Habana es atacada por la policía, noviembre de 1956. **5.** Gerardo Abreu (*Fontán*) y **6.** Ñico López, dirigentes de las Brigadas Juveniles del Movimiento 26 de Julio en La Habana, fueron instrumentales para reclutar a Sío Wong al movimiento revolucionario.

Cortesía de Armando Choy

Bohemia

Cortesía de Moisés Sío Wong

"Fidel, ¡hasta un chino hay aquí!"
Ese fue mi recibimiento cuando llegué
a la Sierra Maestra.

Cortesía de Moisés Sío Wong

Cortesía de Gustavo Chui

Cortesía de Armando Choy

Durante la guerra revolucionaria de 1956–58, miles de jóvenes trabajadores, campesinos y estudiantes se sumaron al Ejército Rebelde y al Movimiento 26 de Julio para combatir a la dictadura batistiana.

1. Moisés Sío Wong tras el combate de Placetas, 24 de diciembre de 1958.
2. Gustavo Chui, izquierda, con miembros de la compañía de tanques del Ejército Rebelde, en las afueras de La Habana, poco después de la victoria revolucionaria.
3. Armando Choy (de pie, segundo de la derecha), con compañeros combatientes del Ejército Rebelde, cerca de Fomento, finales de 1958.

4. Sergio González (El Curita), derecha, dirigente de la clandestinidad del Movimiento 26 de Julio en La Habana. Aquí se le ve en la imprenta donde se producía el periódico revolucionario clandestino. En febrero de 1958, Fidel Castro envió a Sío Wong en una misión a La Habana para que transmitiera a González la orden de ir a la sierra. González insistió en quedarse y días más tarde fue asesinado por la policía batistiana. **5.** Fidel Castro y las victoriosas columnas del Ejército Rebelde entran a Santiago de Cuba, 1 de enero de 1959. Esa noche Gustavo Chui formó parte de la escolta en el mitin en que Castro se dirigió a decenas de miles.

Archivo de Granma

Archivo de Granma

4

5

Bohemia

Archivo de Granma

Cortesía Moisés Sío Wong

1. Miembros de la Alianza Nueva Democracia China, organización de cubano-chinos revolucionarios, se manifiestan en apoyo de la nacionalización de las propiedades norteamericanas, 10 de julio de 1960. **2.** Concentración de masas en el barrio chino de La Habana, octubre de 1960, en tributo al undécimo aniversario de la Revolución China. Una semana después, la Brigada José Wong de las Milicias Nacionales Revolucionarias —nombrada así en honor a un revolucionario comunista asesinado en los años 30 por agentes de la dictadura de Machado— tomó la delantera para echar del barrio chino a todos los antros de drogas, juegos y prostitución. **3.** José Wong.

"¿Cuál fue la medida más importante para eliminar la discriminación contra los chinos y los negros? La medida principal fue la propia revolución".

Gilberto Ante

Henry Wallace

La reforma agraria de 1959 y la campaña alfabetizadora de 1961 fueron dos medidas que reflejaron y aceleraron la trayectoria proletaria de la revolución. **4.** Fidel Castro y María de la Cruz Sentmanat, ex esclava de 106 años de edad, alfabetizada durante esa campaña. **5.** Playa en La Habana que antes era terreno privado "solo de blancos" para los adinerados. Una de las primeras medidas de la revolución en 1959 fue volver públicas todas las playas y abrirlas para todos.

"Toda Cuba se puso en función del esfuerzo de Angola. Considerábamos que era algo vital".

Granma

Cortesía de Armando Choy

Cortesía de Moisés Sío Wong

Reinaldo/Juventud Rebelde

Pastor Batista/Granma

En noviembre de 1975, el gobierno de la recién independiente Angola pidió ayuda a Cuba para derrotar una invasión del régimen sudafricano del apartheid. En la misión participaron unos 400 mil voluntarios cubanos en un lapso de 16 años.

1. Raúl Díaz Argüelles, primer jefe de la misión militar cubana en Angola, muerto por una mina en las primeras semanas de la campaña. **2.** Armando Choy (centro) en Angola, 17 de marzo de 1981. A la derecha está el general Ramón Pardo Guerra. **3.** Moisés Sío Wong, segundo desde la izquierda, dirigiendo un operativo en el norte de Angola, 1976.

4. Mitin del Destacamento de Maestros Internacionalistas Che Guevara antes de partir para Angola, 1983. **5.** Internacionalista cubano, derecha, enseña a combatientes angolanos a leer y escribir.

"Cuito Cuanavale marca un punto álgido en la historia de la lucha de liberación africana". NELSON MANDELA

En 1987–88, la tropa sudafricana de nuevo hizo una incursión profunda en Angola. Fue frenada en Cuito Cuanavale, donde los combatientes cubanos fueron decisivos para ganar la batalla. Las fuerzas cubanas y angolanas lanzaron una contraofensiva, empujando hacia el sur y llegando hasta la propia frontera sur de Angola. Cuba movilizó sus recursos en apoyo de ese esfuerzo.

1. Fuerzas cubanas construyen caminos en Angola, 1988.
2. Columna de tanques cubanos en el sur angolano, 1988.

3. Gustavo Chui (al frente) pasa revista a brigada de tanques cubanos en Luanda, 1987. **4.** Jeep de Chui destruido por una mina antitanque, 5 de marzo de 1988. Chui resultó críticamente herido, y perdió una pierna.

> *"Nosotros no estábamos luchando solamente por Angola. Cuando se le partió el espinazo al ejército del apartheid en Cuito Cuanavale se inició el proceso que poco después llevó a la destrucción del apartheid mismo".*

1. Tras su derrota en Cuito Cuanavale, Sudáfrica pidió la paz. Firma de acuerdos de paz en Naciones Unidas, Nueva York, diciembre de 1988. En la mesa están, desde la izquierda: los ministros de defensa y del exterior sudafricanos, Magnus Malan y Pik Botha; el secretario general de la ONU Javier Pérez de Cuéllar; el secretario de estado norteamericano George Schultz; el ministro del exterior angolano Alfonso Van Dunem y el embajador angolano ante Estados Unidos Antonio dos Santos Franca; el ministro del exterior de Cuba Isidoro Malmierca y el general Abelardo Colomé.
2. Combatientes de unidad antiaérea femenina cubana tras su retorno, La Habana, mayo de 1989.

Durante la guerra revolucionaria de 1956–58, miles de jóvenes trabajadores, campesinos y estudiantes se sumaron al Ejército Rebelde y al Movimiento 26 de Julio para combatir a la dictadura batistiana.

1. Moisés Sío Wong tras el combate de Placetas, 24 de diciembre de 1958.
2. Gustavo Chui, izquierda, con miembros de la compañía de tanques del Ejército Rebelde, en las afueras de La Habana, poco después de la victoria revolucionaria.
3. Armando Choy (de pie, segundo de la derecha), con compañeros combatientes del Ejército Rebelde, cerca de Fomento, finales de 1958.

4. Sergio González (El Curita), derecha, dirigente de la clandestinidad del Movimiento 26 de Julio en La Habana. Aquí se le ve en la imprenta donde se producía el periódico revolucionario clandestino. En febrero de 1958, Fidel Castro envió a Sío Wong en una misión a La Habana para que transmitiera a González la orden de ir a la sierra. González insistió en quedarse y días más tarde fue asesinado por la policía batistiana. **5.** Fidel Castro y las victoriosas columnas del Ejército Rebelde entran a Santiago de Cuba, 1 de enero de 1959. Esa noche Gustavo Chui formó parte de la escolta en el mitin en que Castro se dirigió a decenas de miles.

Archivo de Granma

Archivo de Granma

4

5

1

2

3

1. Miembros de la Alianza Nueva Democracia China, organización de cubano-chinos revolucionarios, se manifiestan en apoyo de la nacionalización de las propiedades norteamericanas, 10 de julio de 1960. **2.** Concentración de masas en el barrio chino de La Habana, octubre de 1960, en tributo al undécimo aniversario de la Revolución China. Una semana después, la Brigada José Wong de las Milicias Nacionales Revolucionarias —nombrada así en honor a un revolucionario comunista asesinado en los años 30 por agentes de la dictadura de Machado— tomó la delantera para echar del barrio chino a todos los antros de drogas, juegos y prostitución. **3.** José Wong.

"¿Cuál fue la medida más importante para eliminar la discriminación contra los chinos y los negros? La medida principal fue la propia revolución".

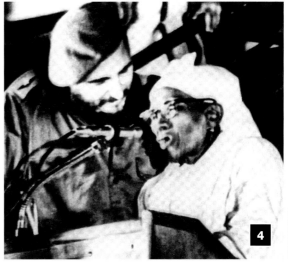

Gilberto Ante

Henry Wallace

La reforma agraria de 1959 y la campaña alfabetizadora de 1961 fueron dos medidas que reflejaron y aceleraron la trayectoria proletaria de la revolución. **4.** Fidel Castro y María de la Cruz Sentmanat, ex esclava de 106 años de edad, alfabetizada durante esa campaña. **5.** Playa en La Habana que antes era terreno privado "solo de blancos" para los adinerados. Una de las primeras medidas de la revolución en 1959 fue volver públicas todas las playas y abrirlas para todos.

"Toda Cuba se puso en función del esfuerzo de Angola. Considerábamos que era algo vital".

Reinaldo/Juventud Rebelde

Pastor Batista/Granma

En noviembre de 1975, el gobierno de la recién independiente Angola pidió ayuda a Cuba para derrotar una invasión del régimen sudafricano del apartheid. En la misión participaron unos 400 mil voluntarios cubanos en un lapso de 16 años.

1. Raúl Díaz Argüelles, primer jefe de la misión militar cubana en Angola, muerto por una mina en las primeras semanas de la campaña. **2.** Armando Choy (centro) en Angola, 17 de marzo de 1981. A la derecha está el general Ramón Pardo Guerra. **3.** Moisés Sío Wong, segundo desde la izquierda, dirigiendo un operativo en el norte de Angola, 1976.

4. Mitin del Destacamento de Maestros Internacionalistas Che Guevara antes de partir para Angola, 1983. **5.** Internacionalista cubano, derecha, enseña a combatientes angolanos a leer y escribir.

"Cuito Cuanavale marca un punto álgido en la historia de la lucha de liberación africana". NELSON MANDELA

Pastor Batista/Juventud Rebelde

Juvenal Balán/Juventud Rebelde

En 1987–88, la tropa sudafricana de nuevo hizo una incursión profunda en Angola. Fue frenada en Cuito Cuanavale, donde los combatientes cubanos fueron decisivos para ganar la batalla. Las fuerzas cubanas y angolanas lanzaron una contraofensiva, empujando hacia el sur y llegando hasta la propia frontera sur de Angola. Cuba movilizó sus recursos en apoyo de ese esfuerzo.

1. Fuerzas cubanas construyen caminos en Angola, 1988.
2. Columna de tanques cubanos en el sur angolano, 1988.

3. Gustavo Chui (al frente) pasa revista a brigada de tanques cubanos en Luanda, 1987. **4.** Jeep de Chui destruido por una mina antitanque, 5 de marzo de 1988. Chui resultó críticamente herido, y perdió una pierna.

Cortesía de Gustavo Chui

Cortesía de Gustavo Chui

"Nosotros no estábamos luchando solamente por Angola. Cuando se le partió el espinazo al ejército del apartheid en Cuito Cuanavale se inició el proceso que poco después llevó a la destrucción del apartheid mismo".

1. Tras su derrota en Cuito Cuanavale, Sudáfrica pidió la paz. Firma de acuerdos de paz en Naciones Unidas, Nueva York, diciembre de 1988. En la mesa están, desde la izquierda: los ministros de defensa y del exterior sudafricanos, Magnus Malan y Pik Botha; el secretario general de la ONU Javier Pérez de Cuéllar; el secretario de estado norteamericano George Schultz; el ministro del exterior angolano Alfonso Van Dunem y el embajador angolano ante Estados Unidos Antonio dos Santos Franca; el ministro del exterior de Cuba Isidoro Malmierca y el general Abelardo Colomé.
2. Combatientes de unidad antiaérea femenina cubana tras su retorno, La Habana, mayo de 1989.

Margrethe Siem/Militant   *Mary-Alice Waters/Militant*

3. Concentración en Johannesburgo da bienvenida a Nelson Mandela luego de su excarcelación en febrero de 1990, tras 27 años de prisión.

4. Mandela y Castro en Matanzas, Cuba, 26 de julio de 1991. "Nosotros en África estamos acostumbrados a ser víctimas de otros países que quieren desgajar nuestro territorio o subvertir nuestra soberanía", dijo Mandela. "En la historia de África no existe otro caso de un pueblo que se haya alzado en nuestra defensa".

"Quizás un día haya que hacerle un monumento al Período Especial". FIDEL CASTRO

Con el derrumbe de los regímenes en la Unión Soviética y Europa oriental en 1989–91, Cuba perdió de forma abrupta el 85 por ciento de su comercio exterior. Sobrevino una devastadora crisis económica. En lo que en Cuba se conoce como el "Período Especial", millones de trabajadores, agricultores y jóvenes se organizaron para afrontar los desafíos. Para 1996 se había frenado el declive económico.

1. A finales de 1991 se inició un programa de agricultura urbana, tornando lotes baldíos en las ciudades, pueblos y villas de Cuba en huertos productivos. En la foto, Raúl Castro (al centro) en organopónico experimental en La Habana, 27 de diciembre de 1987. A la derecha, de vestido, está Ana Luisa Pérez, agrónoma pionera de esta forma de producción. A la extrema izquierda, Carlos Lage; de camisa a cuadros, Esteban Lazo; en primer plano, Vilma Espín. **2.** A pesar de escaseces severas, desafíos ambientales e infraestructurales viejos, como la contaminación de la Bahía de La Habana, se abordaron durante el Período Especial.

Alfredo Rico/Militant

3. Holguín, 1993. Para aliviar la crisis de transporte, se importaron millones de bicicletas de China y otras más se produjeron en Cuba. **4.** Trabajadora en fábrica de bicicletas organizada por jóvenes, Santa Clara, 1994. **5.** Cuando los abastecimientos de combustible escasearon, se sustituyeron tractores con tracción animal, como en esta granja em Cienfuegos en 1994.

"El capitalismo trata de imponer su cultura, sus ideas y sus valores a todos los pueblos del mundo. Por eso esta Batalla de Ideas que libra nuestro pueblo es de la mayor importancia".

Algunas de las medidas económicas tomadas para hacer frente al Período Especial condujeron a una mayor iniquidad, minando la solidaridad social, piedra angular de la revolución. Para afrontar esta amenaza, a finales de 1999 se inició la Batalla de Ideas. Con la Unión de Jóvenes Comunistas (UJC) como punta de lanza, ha crecido hasta abarcar más de 155 programas educativos y culturales desde la primaria hasta el nivel universitario y más allá.

Ángel González/Granma

Juvenal Balán/Granma

1. Clases preuniversitarias para trabajadores en el central azucarero Camilo Cienfuegos en la provincia de La Habana, enero de 2003. Miles de trabajadores y jóvenes reciben un salario regular mientras estudian. En todos los municipios se han abierto extensiones universitarias. **2.** Para asegurar que toda escuela rural tenga acceso a televisión, videos y computadoras, se han venido instalando miles de paneles solares en las zonas más aisladas para proveer electricidad.

3. La UJC movilizó a la juventud para renovar escuelas y construir nuevas por todo el país, permitiendo reducir el número de alumnos por aula y mejorar la calidad de los programas educativos. **4.** La defensa de la Revolución Cubana ha dependido siempre de la preparación de sus trabajadores y agricultores: hombres y mujeres, jóvenes y mayores. En diciembre de 2004, unos 4 millones de voluntarios participaron a nivel nacional en los ejercicios militares Bastión 2004.

"Nos dicen subversivos y dicen que estamos subvirtiendo a América Latina. ¿Pero qué puede ofrecer el sistema imperialista a esos pueblos?"

La depresión capitalista que asedia a Latinoamérica ha resultado en un auge de resistencia popular por todo el continente, conforme trabajadores y campesinos responden al deterioro de las condiciones de vida y de trabajo.

1. El pueblo trabajador protesta en diciembre de 2001 en Buenos Aires contra los planes gubernamentales de recortar gastos sociales, salarios y pensiones para financiar los pagos a los obligacionistas imperialistas sobre la deuda externa de 132 mil millones de dólares. Días después el gobierno incumplió, sumiendo a Argentina en su peor crisis económica desde la Gran Depresión. **2.** Trabajadores marchan en La Paz, Bolivia, durante huelga de abril de 2004, para protestar alza de precios de combustibles y exigir la nacionalización de depósitos petroleros y de gas.

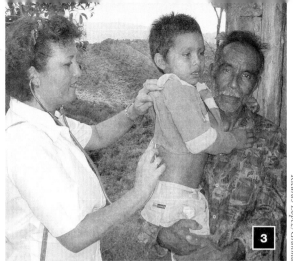

Los capitalistas venezolanos, respaldados por Washington, han intentado tumbar el gobierno de Hugo Chávez y asestar un golpe perjudicial al pueblo trabajador allí. En respuesta a las solicitudes de ayuda, desde 1999 Cuba ha enviado a Venezuela miles de médicos, odontólogos, técnicos y educadores voluntarios.

3. Médica cubana ausculta a niño en el rural estado de Lara, julio de 2003. Unos 15 mil médicos cubanos voluntarios cumplen misión en Venezuela, viviendo y trabajando en barrios donde los residentes anteriormente tenían poco o ningún acceso a la atención médica. **4.** Con ayuda de voluntarios cubanos, el gobierno venezolano lanzó un programa masivo de alfabetización encabezado por la juventud. Aula en el rural estado de Carabobo, julio de 2003. **5.** Organopónico de hortalizas en el centro de Caracas, 2003. El programa aprovecha la experiencia de la última década en Cuba.

"Nos defendemos con nuestras propias fuerzas y medios, basados en que cada cubano tenga un arma: un fusil, una mina, una piedra. Es la guerra de todo el pueblo".

Marcha en La Habana frente a la Sección de Intereses de Estados Unidos, marzo de 2004. La pancarta muestra la foto ya infame del trato degradante de prisioneros por parte de Washington en la prisión de Abu Ghraib en Iraq.

También ha contribuido a la crisis de la electricidad el hecho que se alarga el tiempo de reparación, de mantenimiento, en otras plantas generadoras que desde el comienzo del Período Especial empezaron a utilizar el crudo cubano. Con esto hemos ahorrado millones. Pero ese crudo tiene mucho azufre. La combustión no es tan limpia, lo que también implica más tiempo fuera de servicio para darles mantenimiento.

La atomoeléctrica que estábamos construyendo en Juraguá, en la bahía de Cienfuegos, estaba diseñada para apoyar este sistema, reducir su vulnerabilidad. Teníamos planeada otra atomoeléctrica en Holguín. Las atomoeléctricas iban a servir para aumentar y, más adelante, sustituir gran parte del sistema. Ese era el plan. Pero el complejo de Juraguá era un proyecto que teníamos con los soviéticos, y en 1991 cayó la Unión Soviética.[34]

Ya se había hecho una inversión de cerca de mil millones de dólares. Hacían falta para terminarla otros mil millones. Rusia no iba a hacer esa inversión. Nosotros no estábamos en posición de hacerla.

Y había otro problema. ¿De quién íbamos a depender para el combustible nuclear? ¿De Yeltsin? ¿De Putin?

No teníamos otra disyuntiva. Había que tomar una decisión, y fue que no íbamos a continuar.

Fidel ha señalado algunas de las medidas que estamos tomando para lidiar con la crisis de la electricidad.[35] Cuba ha

34. Las obras de la central termonuclear de Juraguá se comenzaron en 1983, con colaboración soviética. Tras el derrumbe de la Unión Soviética en 1991, el proyecto se congeló. En 1997, Fidel Castro anunció que no había planes de reactivar las labores en el reactor de Juraguá.

35. El discurso de Fidel Castro del 26 de julio de 2005, en el que señaló algunas de estas medidas, se publicó en la edición del 31 de julio de *Granma Internacional*.

duplicado la cantidad de divisas a invertirse en esta área en el 2005. Se están instalando motores y equipos por valor de más de 280 millones de dólares, lo que nos permitirá disponer, al cabo de un año, de un millón más de kilowatts de generación eléctrica. La estrategia consiste en el empleo de generadores más pequeños y eficientes, regionalizando su ubicación, logrando con esto evitar las pérdidas de electricidad cuando se transmite a larga distancia, así como la protección contra los huracanes que anualmente nos azotan y que cortan el sistema electroenergético nacional.

Esto se va a complementar con 500 mil kilowatts de una nueva planta que se concluyó en la región oriental, y se incrementarán plantas generadoras con el consumo de gas asociado con la producción de nuestro crudo. Junto a otras medidas destinadas a reducir el consumo energético —como la distribución de ollas de presión y ventiladores nuevos, más eficientes, y la sustitución de las juntas y termostatos de refrigeradores, el cambio de bombillos incandescentes por ahorradores—, estas medidas efectivamente van a duplicar la electricidad disponible para la producción, los servicios y el consumo doméstico para el segundo semestre de 2006.

Pero ese es el legado con el que estamos lidiando hoy, y por qué las dificultades son tan grandes.

WATERS: ¿Y la sequía?

SÍO WONG: Esta es la peor sequía jamás registrada en Cuba, que afecta sobre todo a las provincias de Holguín, Las Tunas y Camagüey. Más de dos millones y medio de personas se han visto afectadas en los momentos más críticos. Hemos tenido que distribuir agua en pipas a dos millones de personas, y también a animales; Camagüey es toda una zona ganadera.

A pesar de la falta de recursos materiales, hemos decidido que no nos queda más remedio. Vamos a construir dos grandes sistemas y las conductoras para trasladar el agua a esas zonas afectadas. Esa es una obra gigantesca. Uno de estos proyectos en la parte central de la isla se empezó antes del Período Especial, pero el trabajo se paró por la falta de recursos, combustible, maquinaria, etcétera. Pero ahora se va a continuar. Va a llevar agua hacia Camagüey desde el centro del país. El otro proyecto se va a empezar en las montañas orientales, que es donde más llueve en Cuba, en la región de Moa. Allí vamos a construir varias presas, para trasladar agua mediante un sistema de conductoras, canales y túneles a Holguín, Las Tunas y hasta Camagüey.

Ese es un proyecto enorme, pero de un impacto económico muy grande.

WATERS: Las reservas también han sido importantes al afrontar la guerra económica intensificada que el gobierno norteamericano ha librado en la última década y media contra Cuba, ¿cierto?

Sío WONG: Muchos compañeros no se dan cuenta cómo nos afecta el bloqueo del gobierno norteamericano.[36]

Cuando joven, yo vivía allí cerca del Malecón. Veía los ferries norteamericanos que diariamente transportaban la mercancía. Entonces nuestro comercio era abrumadoramente con Estados Unidos.

En años recientes, hemos conversado con congresistas de los estados del sur, y de otras zonas agrícolas. En la Asamblea Nacional recibimos una delegación que incluía diputados de

36. Washington ha mantenido un embargo comercial contra Cuba desde febrero de 1962. Con la Ley de la Democracia Cubana de 1992 (la "Ley Torricelli") y la Ley de Libertad y Solidaridad Democrática Cubanas de 1996 (la "Ley Helms-Burton"), el embargo se agudizó de forma significativa en un intento de ahondar la crisis económica que resultó del colapso de las relaciones comerciales de Cuba con la ex Unión Soviética y Europa oriental.

Louisiana. Antes del triunfo de la revolución, el 36 por ciento del comercio portuario de Nueva Orleans era con La Habana.

Ustedes se imaginan que todo ese arroz, todo ese maíz, todo ese trigo, todo ese aceite, que nosotros importábamos de allí, ahora lo tenemos que importar de Vietnam, de China, de Malasia. La leche en polvo incluso la tenemos que traer de Nueva Zelanda. Compramos trigo en Francia. Pero Estados Unidos está solo a 90 millas.

El bloqueo nos ha afectado económicamente en más de 80 mil millones de dólares en pérdidas. Solamente hay que tener en cuenta los fletes, las diferencias de precios y otros costos similares.

'El jefe que no tenga reservas no es buen jefe'

KOPPEL: ¿Desde cuándo es presidente del Instituto Nacional de Reservas Estatales?

SÍO WONG: Desempeño esta responsabilidad desde 1986.

Pero no es la primera vez que he hecho algo así. Durante la guerra revolucionaria, Fidel me hizo jefe de las reservas del Ejército Rebelde. Ya entonces, él la llamaba la "reserva estratégica".

"Ocúpate", me dijo, "tú eres el jefe de la reserva".

La reserva estratégica estaba en una cuevita en la comandancia de La Plata. Eran 10 sacos de azúcar crudo, sacos grandes de 325 libras, cinco cajas de leche condensada y cinco cajas de salchichas.

En una ocasión, Fidel salió a dar un recorrido por el frente y volvió una semana después.

"Bueno Chino, ¿cómo estás? ¿Cómo está la reserva?"

"Comandante, me quedan seis sacos de azúcar".

"¿Cómo que te quedan seis sacos? Eran 10".

"Bueno pasó fulano, no tenía qué comer. Pasó mengano. Y luego pasó zutano con su pelotón. No tenían qué comer, así que les di un poco de azúcar".

"Chino", dijo Fidel, "te hice jefe de las reservas pero no podías dar nada sin mi autorización. Ni siquiera un puñado de azúcar".

No me dijo más nada sobre el azúcar. Al otro día Celia me trajo una notica, de puño y letra de Fidel. "Moisés", decía la nota, "entrégale las reservas a Otero y tú ocúpate exclusivamente del reparto de la carne. Fidel".

Me acababa de destituir y me nombraba en un cargo que no existía, un cargo ficticio. ¡Porque allí en aquella época no teníamos carne para repartir!

Me acordé de ese incidente cuando me citaron al Comité Central para decirme que el Buró Político había aprobado mi nombramiento como presidente del Instituto Nacional de Reservas Estatales.

"Ministro", le dije a Raúl, "yo fui el primer jefe de la reserva estratégica". Y le hago la anécdota de cuando estuve encargado de las reservas en la Sierra Maestra, y de por qué me había destituido Fidel. Luego le digo: "Dígale al comandante en jefe que me podrá destituir por incapaz, por no hacer bien el trabajo, por cualquier otro error, antes que hacer uso indebido de la reserva, sin su autorización". Quien da autorización para su uso es el comandante en jefe. Esa fue una lección.

Fue cuando regresé a mi despacho en el Ministerio de las Fuerzas Armadas Revolucionarias que pude apreciar lo que representaban aquellos 10 sacos de azúcar de 325 libras. Un gramo de azúcar contiene 4 kilocalorías. Un vaso de agua con azúcar son 1 200 calorías. Con eso uno baja de peso pero no se muere. Con esas reservas, los 200 hombres en la Sierra Maestra podían estar casi dos meses sin recibir nada del exterior. Allí es donde me doy cuenta de la importancia de tener reservas siempre.

Hay un dicho que capta una verdad profunda: "El jefe que

no tenga reservas no es buen jefe". Siempre hay que tener reservas.

WATERS: ¿Cómo ha afectado el Período Especial a las reservas?[37]

Sío WONG: Durante el período en que casi todos los suministros nos llegaban del campo socialista, sobre todo de la Unión Soviética, no había mucha conciencia sobre la necesidad de las reservas.

Cuando creamos el INRE en 1981, habíamos hecho toda una serie de estudios, para eso nos ayudó la Unión Soviética. Habían puntos de vista diferentes sobre el papel de ese organismo, y a quién debía estar subordinado. Al principio estuvo adscrito al Comité Estatal de Abastecimiento Técnico Material. A finales de 1985, como le habíamos prestado muy poca atención al desarrollo de las reservas, se decidió separar al INRE del CEATM, y subordinarlo directamente al presidente del Consejo de Ministros, a Fidel.

Ese primer período es el que yo llamo la "década perdida". Porque los organismos y funcionarios correspondientes no tenían conciencia de la importancia de tener reservas para enfrentar cualquier eventualidad. Y a pesar de las instrucciones del comandante en jefe y de los llamados que hizo el ministro de las FAR, fue necesario librar una dura batalla para realizar esta tarea. Antes del Período Especial, había muchos funcionarios que decían: "¿Si no alcanza para comer, cómo vamos a acumular en las reservas?"

El Período Especial demostró que habíamos estado derro-

37. En la primera mitad de los 90, Cuba atravesó una profunda crisis económica tras el colapso de los regímenes en la Unión Soviética y Europa oriental, y la consecuente pérdida del 85 por ciento del comercio exterior cubano. El rumbo político adoptado por el pueblo cubano en respuesta a esta crisis se conoce como Período Especial. Para más información al respecto ver la parte 3.

chando recursos y que podíamos haber acumulado una reserva mayor. También demostró la importancia estratégica de las reservas.

Las reservas estatales permitieron utilizar el combustible, para que no se paralizara ninguna de las funciones económicas principales —la zafra azucarera, la agricultura, la industria—; los alimentos, de modo que se pudo garantizar una cuota básica; medicinas, para salvar vidas y no tener que cerrar ni un solo hospital; incluso los lápices y las libretas, para realizar el curso escolar.

En el Período Especial hemos logrado avanzar. Pero todavía nos queda mucho por hacer.

Las donaciones que recibimos de todas partes del mundo no se usan como parte de la reserva, aunque las usa el gobierno. El Instituto Cubano de Amistad con los Pueblos (ICAP) y el Ministerio de Inversiones Extranjeras y Colaboración se encargan del control de lo que se recibe y de cómo se distribuye.

El huracán Michelle, que golpeó a Cuba en noviembre de 2001, es un buen ejemplo de para qué ha servido la reserva. Pudimos reparar todos los daños, y lo hicimos en menos de un año. Porque pudimos contar con una reserva de combustible, de alimentos, materiales de construcción, techos, postes y cables eléctricos, etcétera. Logramos reparar lo que suman 160 mil viviendas dañadas en siete provincias, de ellas 13 mil totalmente destruidas.

El Dennis, en julio de 2005, que azotó a 10 provincias, dañó más de 175 mil viviendas, de ellas, 28 mil destruidas totalmente, sumando más de 1.4 mil millones de dólares en pérdidas. Ha sido el más dañino para nuestro país desde 1959. Fue de categoría 5, o sea, la máxima según la escala Saffir-Simpson. La fuerza de sus vientos alcanzó más de 300 kilómetros por hora. Hay montañas que sufrieron daños ecológicos que no se recuperan en 50 años.

En contraste a lo que se hace en Cuba, hemos visto las consecuencias de los desastres naturales que ocurren en países mucho más ricos que nosotros, con muchos más recursos. Hace un tiempo leí un artículo de una reclamación que hacían personas de Florida afectadas por el huracán Andrew, creo. Ese huracán pasó por allá en 1992, le llamaron la "tormenta del siglo", y hay personas que todavía están esperando que se resuelvan sus reclamos. No han recibido la ayuda que el gobierno les prometió hace más de una década.

Sin embargo, al año de que azotara el huracán Michelle, nosotros lo restablecimos todo. Pero además, como fue afectada la agricultura, dimos una cuota adicional de arroz, de granos, de aceite, para las provincias afectadas. Así respondemos a cualquier desastre natural. Es lo que estamos haciendo para lidiar con los daños que infligió el Dennis.

PARTE III

EL PERÍODO ESPECIAL
Y MÁS ALLÁ

Cortesía de Moisés Sío Wong

Al responder a la escasez de alimentos durante la crisis económica de los años 90, se crearon huertos urbanos a pequeña escala —organopónicos— en predios baldíos en ciudades y pueblos por toda Cuba. Éste, ubicado en la zona de Miramar en La Habana, al que se hace referencia en la entrevista, fue el primero en desarrollarse con éxitos productivos y económicos.

Enfrentando la crisis alimentaria

WATERS: El desarrollo de la agricultura a pequeña escala, en especial en las zonas urbanas, ha sido una de las importantes iniciativas que Cuba ha tomado durante el Período Especial. La creación de estos *organopónicos* —como se les llama— en cada municipio, fue en respuesta a la severa escasez de alimentos que Cuba enfrentó a comienzos de los 90. Ha resultado en una mejora sustancial en la cantidad y calidad de verduras frescas a la disposición de la mayoría de los cubanos. Hoy día los organopónicos implican la labor de casi tantos cubanos como los que participan en la agricultura tradicional a gran escala.

General Sío Wong, usted es una de las personas que han contribuido a dirigir este esfuerzo desde el comienzo, por lo que está en una óptima posición de hablarnos al respecto.

SÍO WONG: Déjenme ir un poco atrás.

Al triunfo de la revolución en 1959, más del 80 por ciento de la tierra arable era propiedad de los latifundistas cubanos y de las grandes familias dominantes norteamericanas, como los Rockefeller, los DuPont y los Morgan, que controlaban gigantescas empresas como la United Fruit y la Compañía Cubana de Electricidad. La Compañía Azucarera Atlántica del Golfo, de propiedad norteamericana, por ejemplo, era dueña de 18 mil caballerías. La United Fruit Company poseía casi

10 mil. Había haciendas ganaderas de miles de caballerías por la región de Camagüey.

En los primeros años de la revolución, la reforma agraria —que se realizó en dos etapas, la primera en 1959 y la segunda en 1963— estableció que en Cuba no podía haber un propietario de más de 5 caballerías de tierra. Aquí una caballería es 13.4 hectáreas, por lo tanto, son unas 67 hectáreas o 165 acres. Las tierras que estaban por encima de 5 caballerías, es decir, tanto la propiedad de las familias de la clase dominante norteamericana como los latifundios cubanos, fueron nacionalizadas. Prácticamente todos esos latifundistas se fueron del país, a pesar de que se les ofreció compensación.[38]

En cuanto al resto de la tierra, la reforma agraria se la traspasó a los campesinos que la habían cultivado en usufructo como aparceros, precaristas, colonos o pequeños agricultores cañeros. Antes de la revolución estos campesinos trabajan su pedazo de tierra, y a menudo les hacían pagar hasta la mitad de la producción. Pero esas tierras no eran del campesino. Entonces la revolución —su revolución— le entregó a estos campesinos títulos sobre sus tierras, siempre que no pasara de 5 caballerías. Se entregaron 100 mil títulos de propiedad.

A través de la reforma agraria, un 20 por ciento de la tierra arable pasó a ser propiedad de pequeños agricultores y un 80 por ciento propiedad estatal. Nuestra revolución tuvo una característica de que no dividió los latifundios, como en otros países que habían hecho reformas agrarias. Esa fue una decisión muy sabia de Fidel y de los otros dirigentes, no dividir

---

38. A los propietarios de tierras se les ofrecieron bonos que madurarían en 20 años, a un interés del 4.5 por ciento amortizado anualmente. Sus tierras se tasarían en base al valor declarado para fines impositivos por los propios terratenientes en octubre de 1958.

los latifundios. Se hicieron grandes empresas cañeras y grandes empresas ganaderas estatales en ese 80 por ciento.

Desde temprano desarrollamos relaciones comerciales con la Unión Soviética en condiciones favorables. Si subía el precio que teníamos que pagar a la URSS por el petróleo, al mismo tiempo subía el precio al que les vendíamos el azúcar. En los convenios a largo plazo —que es como se vende la mayor parte del azúcar en el mercado mundial— los soviéticos nos pagaban hasta 40 centavos de dólar por libra, aun cuando en el mercado mundial había caído a 10 ó a 15 centavos. Era conveniente para nosotros, lo era para ellos porque producir azúcar de remolacha les costaba hasta 80 centavos de dólar.

Nosotros desarrollamos toda la producción agrícola del país basados en esas relaciones. Muchas veces nos han criticado el desarrollo de la agricultura de esa forma. Pero eso nos permitió que se hicieran presas, se electrificara el campo, y se creara toda esa infraestructura agroindustrial que tenemos ahora.

En realidad, en 1989 teníamos más tractores por hectárea cultivable que cualquier otro país del mundo. Porque Cuba tiene 7 millones y medio de hectáreas cultivables, y en 1989 teníamos 110 mil tractores. Teníamos tantos tractores y el combustible era tan barato, que los tractores no solamente se usaban en la agricultura, sino hasta para pasear e ir a ver a la novia.

Desde ese punto de vista, las relaciones económicas con la Unión Soviética eran favorables para un país pequeño como nosotros. Eran también favorables para la URSS desde el punto de vista de un suministro estable de azúcar a largo plazo y, ya en menor escala, de otros productos.

WATERS: Desde los primeros días, como sostuvo Fidel en 1960, la autosuficiencia alimentaria y la diversificación de la agricultura fueron la meta de la revolución. Sin embargo, no fue eso lo que sucedió. El ministro del azúcar de Cuba Ulises Rosales del Toro recordó de esto a la Asamblea Nacional hace unos años, señalando que esa estrategia se había pospuesto debido al "mercado y a los precios justos y estables con la URSS y otros países socialistas" que usted ha venido describiendo.

¿Qué significó esta concentración en la producción y el comercio azucareros para el cultivo de hortalizas?

SÍO WONG: Cuba era un país que exportaba hortalizas. Había un ferry que iba desde aquí a Cayo Hueso. Demoraba siete horas. Me acuerdo del vapor *Florida*, yo vivía en el Malecón, y veía los grandes camiones con tomates, habichuelas y lechuga que embarcaban ahí.

Pero nosotros pasamos a ser importadores de hortalizas. Venían de Bulgaria, de Albania, de la Unión Soviética. Venían enlatadas, o en pomos, a cambio de azúcar.

El comienzo del Período Especial

Para principios de los 90 la Unión Soviética y el campo socialista se habían caído, y de un día para otro comienza el Período Especial en Cuba. Prácticamente se paralizó el país. Tuvimos que aplicar las medidas que teníamos previstas para tiempo de guerra, en caso de un bloqueo militar y una agresión que interrumpieran el flujo de suministros. En su conjunto estas medidas las denominanos "Período Especial en tiempo de paz", porque se adoptaron las mismas medidas que nosotros teníamos previstas para tiempo de guerra, al enfrentar la necesidad de trabajar sin combustible importado y sin otros recursos.

Nosotros recibíamos 13 millones de toneladas de petróleo al año, que nos llegaban de la Unión Soviética a precios preferenciales a largo plazo. Se compraban con nuestro azúcar. De repente tuvimos que empezar a trabajar con 6 millones de toneladas de petróleo comprado en el mercado interna-

cional, a precios del mercado internacional. El 85 por ciento
de nuestro comercio exterior era con la Unión Soviética y los
demás países socialistas. Esa capacidad de compra de 8 mil
millones de dólares en bienes cayó bruscamente en un año a
2 mil millones. Nos alcanzaba solo para comprar un poco de
petróleo, así como alimentos y medicamentos esenciales, en
el mercado internacional. Se nos redujo nuestra capacidad de
compra en el exterior en casi un 80 por ciento.

Se pararon todos aquellos tractores que tragaban gasolina,
los ómnibus. El gobierno de China nos empezó a mandar
millones de bicicletas. Usted recuerda que a comienzos de
los 90 La Habana parecía Beijing, con millones de bicicletas,
millones.

En 1993, ante la crisis, el gobierno tomó toda una serie de
medidas, para salvar la revolución. Muchas de las medidas
que tuvimos que tomar no nos gustaban porque aumentaban
las desigualdades. Nosotros siempre habíamos peleado por
una sociedad más justa, una sociedad socialista, que garanti-
zara las principales necesidades de toda la población: la salud,
la educación, todo, construcción de viviendas, todo.

Pero tuvimos que tomarlas. Una de esas medidas fue permitir la libre circulación del dólar. Anteriormente eso era pro-
hibido por la ley.[39] Se creó el mercado libre campesino, donde

---

39. Con el colapso de la producción a comienzos de los 90, el valor del
peso se desplomó. Mientras oficialmente mantenía paridad con
el dólar norteamericano, para el verano de 1993 un dólar se cam-
biaba hasta por 150 pesos en el mercado negro. En julio de 1993,
la circulación del dólar se despenalizó, y se abrieron tiendas que
vendían en dólares mercancías importadas. Conforme el declive
económico tocó fondo durante el Período Especial y se recuperó
la producción, la tasa de cambio se estabilizó alrededor de los 25
pesos por dólar.
   Como parte de arreciar su presión contra Cuba, Washington
crecientemente obstaculizó el uso de dólares en transacciones

los agricultores podían vender sus productos directamente a la población a precios sin regular. Se abrió la posibilidad de los trabajos privados, por cuenta propia. Ahí es donde surgen los famosos *paladares* —unos pequeños restaurantes de 12 sillas—, el nombre de paladar es tomado de una novela brasileña que estaba de moda en aquellos días. Dentro de eso también se le dio un énfasis al turismo internacional. Y se hizo una apertura mayor a las inversiones extranjeras, y a la creación de empresas mixtas.

Tuvimos que parar de dar muchas cosas gratuitamente. Empezamos a cobrar por los espectáculos deportivos como el béisbol, por ejemplo, aunque no mucho. ¿Cuánto vale ahora? Un peso, dos pesos. Muchísimo menos que Estados Unidos, por ejemplo, donde un partido de béisbol puede costar 50 ó 100 dólares.

Esa desigualdad entre quienes tienen dólares y quienes no los tienen no nos gusta. Por eso se abrieron las tiendas de dólares. Fue una fórmula que se ideó para recoger divisas y compensar los programas sociales que benefician a todo el mundo. Algunas incluso se llaman TRD [tiendas recaudadoras de divisas].

Se crean los organopónicos

WATERS: ¿Cómo se originó la agricultura urbana a pequeña escala?

---

internacionales. En respuesta, en noviembre de 2004 el gobierno cubano anunció que el dólar norteamericano dejaría de circular libremente en Cuba. Mientras que los cubanos aún pueden recibir dólares norteamericanos, tanto ellos como los turistas los deben cambiar por lo que se conoce como pesos cubanos convertibles (CUC), pagando una comisión de un 10 por ciento. Los hoteles, restaurantes y taxis de turistas, así como las "tiendas de dólares", ahora solo aceptan pesos convertibles.

Sío WONG: Había dicho que una de las medidas que tomamos al principio del Período Especial fue ampliar el sector de
turismo para captar divisas. Pero al crecer los hoteles turísti-
cos, se requirió un abastecimiento cada vez mayor de hortalizas frescas. Nosotros traíamos en avión hortalizas de México,
de Jamaica y de otros países. Nuestros pilotos llamaban a eso
el "vuelo de la vergüenza". O sea le cobraban al turismo 35
mil dólares por un vuelo para traer tomate y lechuga, y que
era una vergüenza no producirlos aquí.

Esta foto que ven aquí es histórica [ver pliego de fotos], es
del 27 de diciembre de 1987, unos años antes de que empezara
el Período Especial. Este es Raúl Castro, esta es Vilma Espín
y este es Carlos Lage visitando una unidad militar. Durante
la visita Raúl ve a esta ingeniera Ana Luisa Pérez, que había
sembrado hortalizas en unos pregerminadores de plátano con
buenos resultados. Y entonces da una orientación de desarrollar y generalizar este método de cultivo. Y se dicta una directiva para las unidades militares. De allí se desarrolló lo que
llamamos organopónicos. El nombre viene del hecho que está
basado en el uso de materias orgánicas fundamentalmente.

El general Néstor López Cuba fue el primero que hizo un
organopónico. Tenía una hectárea. En aquel entonces era jefe
de la División 50 en Oriente. El organopónico se hizo al lado
de la base donde radicaba esa unidad, y lo trabajaban los familiares de los oficiales y de los soldados. López Cuba era
campesino. Eso a él le gustaba.

Está Hortifar, por ejemplo, un centro de las fuerzas armadas aquí en la Ciudad de la Habana, que sobre todo produce
vegetales.

Entonces los organopónicos se desarrollan primero dentro
de las fuerzas armadas. En la parte civil seguíamos impor-
tando hortalizas.

Cuando se celebró el IV Congreso del partido allá en Santiago de Cuba en octubre de 1991, el Período Especial apenas se iniciaba. Pero ya estaba claro que la tarea principal era el programa alimentario.

A comienzos de diciembre hicimos la asamblea aquí en el Instituto Nacional de Reservas Estatales y decidimos hacer un organopónico. A los 54 días se cosechó la primera lechuga. Nosotros fuimos limpiando un lote baldío al otro lado de la calle, llenándolo y sembrándolo. Empezamos el 5 de diciembre de 1991 y cosechamos la primera lechuga el 28 de enero, el día del aniversario del natalicio de José Martí. Pero no todos estaban contentos con lo que estábamos haciendo.

Hay una anécdota. El 31 de diciembre de 1991, el Consejo Militar del Ministerio de las Fuerzas Armadas Revolucionarias le informó al ministro [Raúl Castro] que habíamos empezado a construir el huerto, y muchas personas nos criticaban, "¿Cómo en el Período Especial ustedes están usando bloques y cemento, gastando esos materiales tan escasos, haciendo un organopónico?"

Raúl les respondió, "Yo sé que hay unos jefes que están criticando a Sío Wong, pero lo que tienen que hacer es seguir su ejemplo y producir alimentos. Y además ese organopónico lo apadrino yo".

Y entonces Raúl me pregunta, "Bueno ¿cuánto vas a producir?"

Yo había oído que en China se producían 25 kilogramos [55 libras] por metro cuadrado de hortalizas. Entonces le digo, "Yo creo que puede producir 25 kilogramos por metro cuadrado".

Entonces un compañero sacó la calculadora: 25 kilogramos por metro cuadrado es 75 mil quintales [7.5 millones de libras] por caballería [33 acres], porque aquí la medida que usamos en Cuba es quintales por caballería.

"¡75 mil quintales por caballería! ¿Tú estás loco?"

Si una caballería llega a 10 mil quintales en el año es mucho: 10 mil de cualquier cosa. O sea, 75 mil quintales era una cosa extraordinaria.

"Bueno", dije, "vamos a experimentar".

¿Cómo empezamos? Primero pusimos dos compañeros, el jefe y el fitosanitario. Luego hicimos brigadas de trabajo voluntario del instituto. Durante tres años —1992, 1993, 1994— no pudimos lograr más de 10 kilogramos por metro cuadrado.

A principios de 1995, pedimos permiso para establecer un nuevo sistema de remuneración, que violaba todas las leyes establecidas aquí. ¿Por qué lo hicimos? El trabajo agrícola es uno de los más duros. Incluso cuando gran parte de la agricultura nuestra, llamémosla convencional, era mecanizada con tractores, con cosechadoras, etcétera. Pero el salario de un obrero agrícola es de 148 pesos. El salario medio de Cuba es de unos 250 pesos.[40] Entonces pedimos permiso para dar un estímulo. Se parece a una cooperativa, pero donde la tierra le pertenece al estado, como las UBPC que se crearon en 1993 a partir de las granjas estatales. Voy a explicar cómo funciona.

El trabajador del organopónico recibe un anticipo de 225 pesos —que es como un anticipo salarial— y eso se lleva a gastos. Entonces se le cobra la luz, el agua, la semilla, etcétera. El 50 por ciento de la ganancia neta de la unidad se reparte entre los trabajadores. Ese es el primer principio.

---

40. Estas cifras corresponden a los salarios antes de 2005. En abril de 2005, el salario mínimo en Cuba fue aumentado de forma demostrativa de 100 a 225 pesos por mes. Más de 1.6 millones de trabajadores, entre ellos la abrumadora mayoría de trabajadores agrícolas, se beneficiaron con la medida, la cual elevó el salario medio en Cuba a 312 pesos mensuales.

Segundo principio: el reparto es desigual. La ganancia se reparte bajo la regla de que el que más trabaja, más gana.

El tercer principio, la persona encargada del organopónico gana un 10 por ciento más que el trabajador que más gane, como estímulo para que asuma la responsabilidad de ser administrador. Uno de los principales méritos del sistema es que a quienes trabajan la tierra —que es uno de los trabajos más fuertes— hay que pagarles de acuerdo con los resultados.

En otros países —lo estamos viendo ahora en Venezuela— los intermediarios son los que más ganan. El productor, el campesino productor, es al que menos le pagan en todos estos países subdesarrollados. Y aquí estaba pasando una cosa igual, a pesar de que nosotros teníamos empresas de acopio estatales.

A fines de 1995, informé al Consejo Militar que habíamos llegado a 30 kilogramos por metro cuadrado. "¿Cuál fue el milagro?", me preguntaron.

No hay ningún "milagro", contesté. Los resultados se deben al trabajo sistemático, sostenido, intensivo. Durante 8 horas, 9 ó 10 horas al sol totalmente. Todos los días hay que regar y atender las plantas: el 31 de diciembre, el primero de enero, el día de Navidad, el Primero de Mayo. Eso no tiene ni sábado ni domingo. Hay que transplantar después de las cuatro de la tarde porque si no se mueren las plantas, les afecta el sol. Hay que desyerbar, hay que fertilizar, hay que escardar. Hay que producir la materia orgánica, todo.

Pero como resultado, en ese pedazo de tierra que ustedes van a ver se producen 60 toneladas de vegetales al año, 30 kilogramos por metro cuadrado de tierra cultivable, eso es 300 toneladas por hectárea. Es un cultivo muy intensivo.

Esto prácticamente fue el despegue de este movimiento que hicimos para aprovechar todos los espacios libres dentro de las ciudades y en los alrededores de las ciudades.

Nosotros no le llamamos agricultura orgánica, porque la agricultura orgánica, los productos orgánicos requieren una certificación internacional. Hay un organismo internacional que certifica. Viene y mide los niveles de contaminación, etcétera. Pero prácticamente no empleamos ningún producto químico. Usamos materia orgánica y control biológico. Por eso decimos que los productos nuestros son organopónicos, agroecológicos. Nuestros científicos trabajaron duramente para descubrir todos los controles biológicos para el combate de las plagas. Porque los productos químicos, primero, son muy costosos y, segundo, pueden contaminar el medio ambiente. Esa es una inquietud particular aquí en la ciudad. Entonces usamos materia orgánica y el control biológico. Esto lo producimos en un laboratorio.

Usamos el sistema de riego localizado, que es un sistema de riego muy eficiente que inventaron los israelitas, gasta un mínimo de agua. Eso también es de una importancia estratégica: poder cultivar alimentos aun si se interrumpen los suministros de agua, ya sea por una sequía o por una acción enemiga. También está la producción de semillas a nivel de todo el país.

Desarrollo del movimiento

En 1995 habían solamente 257 hectáreas de organopónicos a nivel de todo el país. Decir que un trabajador podía ganar mil pesos era un tabú. Cuando Raúl Castro vino aquí en 1997 después de un viaje que tuvimos en China, vio el organopónico desde mi oficina en el cuarto piso. Concluyó que no era un delito ganar mil pesos trabajando honradamente. Y lo declaró públicamente.

Después de eso, las cosas empezaron a cambiar.

Para el año 2003, teníamos 45 mil hectáreas de organopónicos y otros tipos de huertos intensivos. Miren cómo aumentó la producción, desde 4 200 toneladas en el año 1994, hasta casi 4 millones de toneladas de hortalizas y vegetales en el 2004.

En esta producción ya sobrepasamos la que yo llamo agricultura convencional.

En la agricultura urbana trabajaban más de 380 mil personas a finales de 2004. En la agricultura convencional unos 420 mil. En toda la agricultura urbana aquí trabajan 82 mil mujeres. Hay jóvenes, técnicos medios, cerca de 40 mil jubilados, unos 10 mil profesionales.

Si usted hace el cálculo, ve que en cada hectárea pueden trabajar productivamente 20 personas. En esta tabla se ve cómo disminuyó en solo dos años la tasa de desempleo de Guantánamo de 7.1 en 2001 a 5.1 por ciento. Santiago fue de 9.1 por ciento a 2.9, Granma de 10.7 a 3.4. O sea, la cantidad de empleos que se crearon se acerca a unos 80 mil. En los últimos años la agricultura ha sido la que más fuentes de empleo ha creado. A finales de 2003 la tasa de desempleo estuvo en 2.3 por ciento. Internacionalmente, una tasa menor del 3 por ciento puede considerarse óptima.

El Período Especial nos obligó a desarrollar esta agricultura, aunque se requirió una batalla tremenda. La FAO (Organización de Naciones Unidas para la Agricultura y la Alimentación) ha reconocido de que Cuba es el país que ha logrado masivisar la agricultura a pequeña escala. Esto es algo que se quiere en el mundo: hacer una agricultura agroecológica, sustentable, que produzca los alimentos que la población mundial necesita, que proteja al medio ambiente y reduzca la contaminación.

Hemos logrado desarrollar esto en Cuba: porque los trabajadores y agricultores hicieron una revolución socialista. En Cuba la producción agrícola no la impulsan las empresas capitalistas que tratan de acaparar mercados y maximizar sus

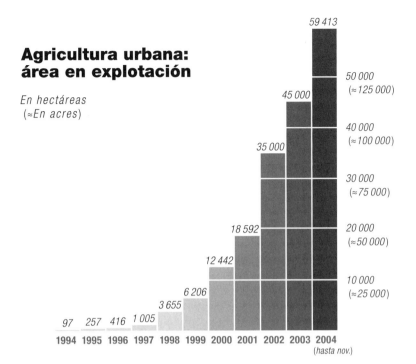

Agricultura urbana: área en explotación

En hectáreas
(≈En acres)

59 413

50 000
(≈125 000)

45 000

40 000
(≈100 000)

35 000

30 000
(≈75 000)

18 592

20 000
(≈50 000)

12 442

10 000
(≈25 000)

6 206

3 655

97   257   416   1 005

1994 1995 1996 1997 1998 1999 2000 2001 2002 2003 2004
(hasta nov.)

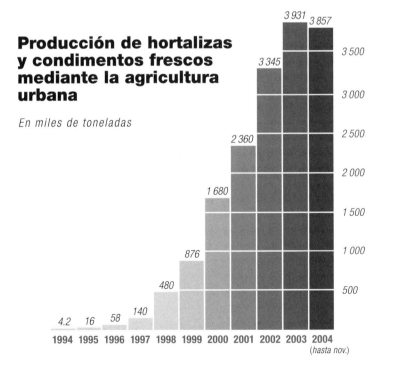

Producción de hortalizas y condimentos frescos mediante la agricultura urbana

En miles de toneladas

3 931   3 857

3 500

3 345

3 000

2 360

2 500

2 000

1 680

1 500

876

1 000

480

500

140

4.2   16   58

1994 1995 1996 1997 1998 1999 2000 2001 2002 2003 2004
(hasta nov.)

ganancias. La impulsa la necesidad de abastecer comida en abundancia para la salud y la vida.

Componentes del sistema de agricultura urbana

En Cuba quienes están involucrados en el sistema de agricultura urbana están organizados de diversas formas.

Están las empresas estatales.

También están las Cooperativas de Producción Agropecuaria, que son campesinos dueños de tierras, las unieron y las trabajan juntos.

Están las Cooperativas de Crédito y Servicio, que son los campesinos dueños de tierras y que las trabajan, pero que se ayudan y comparten servicios y equipo y reciben créditos del gobierno. Ellos eligen una junta directiva de la cooperativa.

Existen las UBPC que mencionamos antes, las Unidades Básicas de Producción Cooperativa. Estas se establecieron en 1993; eran granjas estatales que fueron reorganizadas y convertidas en cooperativas. Las tierras son estatales, pero el producto del trabajo en la UBPC pertenece a los miembros de la cooperativa.

Están los patios. La gente también produce en sus patios.

Y otra forma es la de los parceleros: a quien quiera un pedazo de tierra para producir, se le da en usufructo.

Todos estos, en una u otra medida, están inmersos en la agricultura urbana. Que no es más que una agricultura a pequeña escala. Que es como se conoce mundialmente.

Aquí no se le podía poner ese nombre en aquella época. Porque nuestra política —en el Ministerio de Agricultura y toda su dirección— era desarrollar la agricultura a gran escala, estas grandes empresas. Era un tabú hablar de agricultura a pequeña escala. Entonces le buscamos un nombre, le llamamos agricultura urbana.

¿Pero qué es agricultura urbana? Todo lo que se cultiva en

la ciudad de La Habana y sus alrededores se ubica en esta categoría. Diez kilómetros alrededor de las capitales de provincia es agricultura urbana. Cinco kilómetros alrededor de los municipios es agricultura urbana. Y dos kilómetros alrededor de cada comunidad que tenga más de mil habitantes es agricultura urbana. Todo eso se clasifica como agricultura urbana. Pero no es nada más que una agricultura a pequeña escala. Que lo mismo se puede hacer en la ciudad y en los alrededores, que en una pequeña comunidad.

Así se desarrolló en todo el país esta agricultura a pequeña escala. Es tanto urbana como rural.

Esta agricultura tiene un potencial no solamente para aumentar la producción de alimentos para el consumo. La FAO [Organización para la Agricultura y la Alimentación] recomienda entre 300 y 400 gramos de hortalizas diarios, no menos de 300. Es lo que recomienda para obtener la cantidad de vitaminas y minerales que necesita el cuerpo humano.

Esto es importante, porque la dieta tradicional del cubano consistía de arroz, frijoles, viandas y carne. El cubano comía muy pocos vegetales. Puede decirse que en navidad se comía el tomate, la lechuga, el rabanito. Pero aquí no hay una cultura de comer vegetales. No como en algunos otros países, como China, donde hay un hábito.

Entonces en el año 2001, en medio de esta batalla de ideas y del perfeccionamiento de la educación, Fidel indicó que mediante este sistema de la agricultura urbana se iba a abastecer de alimentos a los círculos infantiles y a las escuelas. Se empezó aquí por La Habana. Cada organopónico, huerto intensivo o cooperativa está vinculado a distintos centros escolares, y también suministran a los comedores de los círculos infantiles, hogares de ancianos, hospitales, etcétera.

En nuestro organopónico, INRE 1, por ejemplo, eso lo hemos hecho desde 1992. Le damos hortalizas a los círculos

infantiles que están aquí del otro lado de la Quinta Avenida. Ahora la empresa abastece de productos a tres círculos
infantiles, más la escuela primaria de la que somos padrinos,
la Cesáreo Fernández, que vamos a visitar más tarde. Allí al-
muerzan diariamente unos 400 niños, con un per cápita diario de 125 gramos de hortalizas.

Y venimos teniendo logros. Los hábitos alimentarios están
empezando a cambiar.

La espinaca, por ejemplo. Empezamos a sembrar la espinaca, pero la gente no comía espinaca. Y eso que se decía
espinaca de Popeye, como tiene mucho hierro. Los médicos
empezaron a recomendarla para los niños de bajo peso. Entonces el consumo viene creciendo. La gente se ha acostum-
brado a comer espinaca y ahora la piden. Durante el invierno
la espinaca detiene un poco el crecimiento, entonces eso nos
crea un problema.

Igual con la acelga. La gente ahora la pide. La come.

WATERS: ¿Cómo se organiza la distribución de los productos cultivados en los organopónicos?

SÍO WONG: Eso se vende directamente a la población. El primer principio: se vende directamente donde se produce.

WATERS: ¿No hay otra distribución?

SÍO WONG: Sí, también, por ejemplo, la Empresa Hortícola
Metropolitana tiene un centro que acopia. Le compra a los
campesinos lo que se produce, y lo distribuye también en los
mercados, le vende a los hoteles, le vende al turismo. Es una
gran empresa que tiene contrato con los campesinos y también tiene organopónicos propios.

Hay lo que se llama el mercado libre campesino que es de
oferta y demanda libre.

Pero hay otros donde el precio sí está regulado. En el organopónico aquí nuestros precios están regulados. Se llaman
topados porque tienen un precio máximo.

WATERS: ¿Los topados son estatales?

SÍO WONG: Sí. Aquí una comisión municipal se reúne mensualmente y establece los precios. En el invierno, por ejemplo, la lechuga baja el precio porque hay una gran producción, pero en verano aumenta el precio. Mensualmente se hace un listado de precios. Hay unos 70 mercados topados aquí en La Habana, donde se vende a un precio máximo. Y proviene también de estas producciones. Y del Ejército Juvenil del Trabajo, que también tiene una producción para los topados,[41] aunque ellos tienen sus fincas en el campo.

Donde sí es libre totalmente es en el mercado campesino, que mencioné antes. Ese es otro tipo de mercado.

WATERS: ¿Por qué le vende el agricultor a los mercados topados? ¿No pueden ganar más vendiendo en el mercado no regulado? ¿Qué estímulo hay?

SÍO WONG: A muchos productores les conviene ese mercado topado, porque la mayoría de los agricultores no tiene forma de trasladar su producto al mercado no regulado para venderlo. Tienen que pagar a un intermediario. Entonces firman convenios para venderle a los topados. Al consumidor le conviene también, porque los precios son más bajos.

41. *Ver glosario*, Ejército Juvenil del Trabajo.

Capitalismo, socialismo y medio ambiente

WATERS: General Choy, actualmente es presidente del Grupo de Trabajo Estatal para sanear la Bahía de La Habana. El gobierno cubano decidió enfrentar este masivo desafío ambiental durante el Período Especial. De manera similar a la respuesta a la crisis alimentaria que Sío Wong ha descrito, capta algunas de las formas en que la revolución se ha fortalecido. Como Fidel lo planteara, "quizás un día haya que hacerle un monumento al Período Especial".

¿Por qué se puso la Bahía de La Habana en tan malas condiciones y cómo se originó el proyecto para sanearla?

CHOY: La Bahía de La Habana y su puerto tienen el peso fundamental en el comercio de importación y exportación de Cuba. Eso ha sido cierto desde la etapa colonial. Alrededor del 70 por ciento de todas las importaciones entran por el puerto de La Habana. Y, excepto el azúcar y el níquel, el 90 por ciento de las exportaciones salen por el puerto de La Habana. El Ministerio del Azúcar tiene sus propios puertos. El níquel sale por Moa.

Antes de la revolución, como era de suponerse, este ecosistema costero de la bahía no se preservó de una indiscriminada contaminación. En los primeros años de la revolución se reconocía el problema, pero no se tomaron medidas para sanearla y conservarla.

No es solo la bahía. El problema está también en la cuenca hidrográfica, o tributaria, que abarca unos 70 kilómetros cuadrados. Hay ahora 104 empresas ubicadas en esa zona que contaminan la bahía.

Sin mencionar el alcantarillado, por su insuficiencia. El sistema de alcantarillado se empezó a construir en 1913 y se concluyó en 1915. La ciudad de La Habana tenía entonces 300 mil habitantes. El sistema se calculó para el doble, para 600 mil personas. Pero ahora debe servir a más de 800 mil. No hay capacidad para que eso le dé salida a todas las aguas albañales. Entonces realmente hay mucho reboso en las calles.

Después del triunfo de la revolución, distintas instancias de dirección del país, trataron y emprendieron acciones. Aunque los avances no fueron sustanciales. A nivel de las provincias y los municipios existían comisiones del medio ambiente y en algunos lugares existían comisiones de ciencia, tecnología y medio ambiente, y aún las hay. Pero una organización encargada concretamente de sanear la bahía no existía.

Durante los años 1996 y 1997, y parte de 1998, a medida que veníamos saliendo de los peores años del Período Especial, instituciones investigativas, científicas y sociales cubanas —financiadas por las Naciones Unidas— estudiaron el problema de la contaminación de la bahía. Se determinaron las fuentes causantes del pésimo estado ambiental de la misma. El 15 de junio de 1998, el Comité Ejecutivo del Consejo de Ministros aprobó crear el Grupo de Trabajo Estatal para el Saneamiento, Conservación y Desarrollo de la Bahía de La Habana (GTE BH) y su cuenca tributaria.

La presidencia del Grupo de Trabajo Estatal acordó tener como base de su proyección de trabajo los estudios realizados y las 21 recomendaciones globales resultantes de esos estudios para sanear esta rada.

Se elaboró un primer programa de saneamiento por 10

años, divididos en dos quinquenios. En el 2004, se culminó la primera etapa. Los resultados son alentadores. Las muestras y pruebas por laboratorio de la calidad del agua, demuestran que van disminuyendo elementos contaminantes y, a la vez, se ha elevado el nivel de oxígeno. Esto ha permitido que hayan regresado los peces a la bahía y detrás de ellos, pelícanos y gaviotas para alimentarse.

No obstante estos pequeños logros, las aguas continúan en un mal estado.

Hemos emprendido intensas gestiones ambientales y de saneamiento en cooperación con varias instituciones nacionales e internacionales, así como con algunos gobiernos extranjeros, entre ellos Bélgica, Italia, Alemania y Japón.

Con la Delegación Provincial de la Agricultura se ha comenzado la reforestación de la cuenca tributaria. Con ésta, al concluir el plan en 2007, habremos sembrado más de un millón de posturas para con ello purificar y mejorar la calidad de la atmósfera de la capital y preservar que la tierra fértil no se vaya con la correntía al producirse fuertes lluvias.

Con la Dirección Provincial de Servicios Comunales estamos implantando un sistema de recogida selectiva de basura en el recinto portuario en primer lugar y posteriormente en toda la cuenca.

Con el Ministerio de Salud Pública estamos desplegando en el entorno de la bahía, un sistema que tendrá siete estaciones de monitoreo atmosférico, que será el primero en América Latina. Las estaciones determinarán automáticamente cualquier variación negativa en la calidad del aire y dónde se ha producido. Esto permitirá a los médicos-inspectores ubicar la fuente de contaminación atmosférica y exigir que no continúe.

Estamos construyendo una gran planta de tratamiento de aguas, en la orilla del río Luyanó, uno de los peores contaminadores de la bahía. Debe terminarse a mediados de 2006. Esta planta podrá tratar, purificar, hasta mil litros por segundo. A comienzos del 2005 se comenzó a construir otra planta también en la margen del río Luyanó. Sus aguas están muy contaminadas porque este río atraviesa San Miguel del Padrón, que es el municipio que más fábricas tiene en Cuba y todas las aguas residuales van a parar al Luyanó. Además, viven muchas personas en sus orillas, y todas las aguas albañales van para el río.

La política del gobierno es ir controlando el trabajo en la margen del Luyanó, ir cambiando la producción, o trasladando empresas que contaminan la bahía. Había cuatro mataderos, por ejemplo, tres de reses y uno de cerdos. Se trasladaron de allí, porque todas sus aguas, toda esa contaminación orgánica, iba a parar al río.

En lo referente al problema del alcantarillado, recibimos ayuda del gobierno de Japón, y se hizo un plan maestro ahora sobre esto y para el drenaje pluvial de la bahía de La Habana y su cuenca tributaria. Ahora hay que buscar dinero para empezar a implantarlo en el año 2008. El plan proyecta tenerlo cumplido en el 2020.

KOPPEL: ¿Cuenta el Grupo de Trabajo Estatal con la autoridad para hacer cumplir sus decisiones?

CHOY: Sí. Tenemos jurisdicción sobre todos los problemas que afectan a la Bahía de La Habana y su cuenca tributaria. Y establecemos normas exigentes a todo el mundo, incluso a los ministerios del gobierno.

La semana pasada, por ejemplo, envié una carta al ministro de industria básica. Hubo un gran derrame en la refinería de petróleo Ñico López, eso contamina la bahía y además afecta aún más el estado de las aguas. Y se la envié directamente al ministro de industrias, quien es miembro del Buró Político. Pero nosotros tenemos el mandato del gobierno y lo cumplimos. Ninguna comisión provincial, ni municipal tiene esa autoridad, nosotros sí.

Además, para hacer cualquier remodelación de cualquier fábrica ubicada en la bahía o en su cuenca tributaria, o instalar una nueva, tienen que mandarnos los planos para que les demos el visto bueno. Nosotros los analizamos y le informamos al Ministerio de Ciencia, Tecnología y Medio Ambiente que estamos de acuerdo. Entonces el CITMA manda el visto bueno si nosotros lo damos. Si no, no lo da. Es un trabajo muy complejo. Aquí hay entidades que contaminan la bahía, que a su vez son responsabilidad de 11 ministerios distintos. Estas empresas están dislocadas en 10 de los 15 municipios que tiene la capital. Cada municipio tiene un vicepresidente que atiende el medio ambiente, así como una comisión municipal del medio ambiente. Y además existe una comisión provincial del medio ambiente. En el ámbito que abarca la bahía y su cuenca tributaria hay 42 consejos populares, que son las esferas base de la dirección.[42]

Es decir que hay que trabajar y hacer que trabajen muchas personas y muchas organizaciones. Eso es un reto, pero lo estamos logrando.

Y nuestro ejemplo está siendo seguido. En Cienfuegos el go-

42. Los consejos populares se formaron en los barrios, poblados y zonas rurales de Cuba en 1992. Son órganos locales del Poder Popular, como se conoce el gobierno electo de Cuba. Los consejos populares están formados en su mayoría por delegados elegidos, además de representantes designados de las organizaciones de masas (sindicatos, la federación de mujeres, etcétera), del Partido Comunista y de la Unión de Jóvenes Comunistas y las principales instituciones y entidades de la localidad. Los consejos tienen la responsabilidad de lograr la mayor eficiencia en la producción y los servicios de su zona, así como promover la mayor participación de la población para resolver problemas. Facilitan la colaboración entre las entidades de su área, y controlan los programas que éstas desarrollan.

bierno provincial propuso recientemente crear un proyecto similar para sanear la Bahía de Cienfuegos y en Santiago de Cuba se piensa en esta posibilidad.

El puerto de La Habana

WATERS: Usted tiene otra responsabilidad que está estrechamente vinculada a la anterior, que implica la operación del puerto de La Habana.

CHOY: Soy el delegado del ministro de transporte en el puerto de La Habana, y organizo la administración portuaria, que es algo nuevo en Cuba.

Aquí existía una ley de puertos desde la etapa colonial, a la que se le hizo algunas modificaciones. En agosto de 2002 se aprobó la nueva ley de puertos. Allí se estableció la administración de los puertos, la primera va a ser aquí en La Habana. Entonces estoy designado presidente de la administración del puerto de La Habana. Al igual que con el Grupo de Trabajo Estatal, es algo que no existía en Cuba. Sobre la marcha ha habido que ir tomando experiencia.

Nuestra labor implica las operaciones marítimas portuarias. Organizamos la llegada de los buques, decidimos adónde van a atracarse, y supervisamos la descarga, la extracción de las cargas y el envío para las provincias.

WATERS: Los trabajadores portuarios han sido históricamente uno de los sectores más conscientes y más combativos de la clase trabajadora cubana . . .

CHOY: Sí, muy combativos, muy revolucionarios.

WATERS: . . . y siempre un alto porcentaje de los trabajadores del puerto han sido negros.

CHOY: Sí. Es más, en el puerto, al referirse a los estibadores en Cuba, incluso desde hace mucho se decía, "los negros allá abajo".

Hoy día los estibadores ganan muy buen salario, además

de que ganan buena estimulación en moneda convertible. A veces, de acuerdo a la cantidad de buques que vienen, pueden ganar 50 ó 60 dólares mensuales y hasta 100 dólares. Aparte de su salario normal, que está entre 220 y 350 pesos. Los administrativos y los que trabajan en oficinas ganan menos. Los estibadores —los que están allá abajo, cargando sacos, descargando buques, cargando camiones— son quienes más ganan. El puerto trabaja las 24 horas. Los turnos de trabajo son de 7 horas 20 minutos. En casos excepcionales se concuerda con ellos trabajar turnos de 12 horas, pero son casos excepcionales.

Además, se presta atención especial a satisfacer las necesidades del hombre en el trabajo, que es una labor muy fuerte, rigurosa. Por ejemplo, allá abajo en las bodegas de los barcos, donde los estibadores trabajan sacando sacos, hace un calor grande. Entonces constantemente hay que bajarles agua fría.

KOPPEL: Lo que describe refleja una realidad social diferente de la que los trabajadores viven bajo el capitalismo.

CHOY: Esa era la idea que quería plantear.

WATERS: Volvamos a tocar el hecho de que el saneamiento de la Bahía de La Habana fue abordado como tarea urgente justo en medio del Período Especial. Eso es sorprendente.

CHOY: A comienzos de los 90, cuando Fidel explicó públicamente las medidas que tendríamos que adoptar para que sobreviviera nuestra revolución, también dijo, "Nosotros vamos a vencer el Período Especial y aún desarrollarnos". La creación del Grupo de Trabajo Estatal para el Saneamiento, Conservación y Desarrollo de la Bahía de La Habana no es más que un vivo exponente de que conforme hemos vencido, nos hemos seguido desarrollando.

WATERS: Por todo el mundo capitalista, y de manera particularmente aguda en los países del Tercer Mundo que están bajo el dominio imperialista, la destrucción del medio ambiente se está acelerando. Cuando se trata de limpiar o proteger el medio ambiente, los capitalistas alegan que cuesta demasiado. ¿Por qué es esto distinto en Cuba?

CHOY: En 1992, en la Cumbre de la Tierra en Río de Janeiro, Brasil, nuestro comandante en jefe, Fidel, recalcó la impostergable necesidad de tomar medidas para rescatar y preservar el medio ambiente y, con ello, salvar a la humanidad.[43]

Poco después de eso, la Asamblea Nacional de Cuba modificó y amplió el Artículo 27 de nuestra constitución para precisar más las responsabilidades del estado y pueblo cubanos, en todo lo relacionado con rescatar, preservar y proteger el medio ambiente y, con ello, a la humanidad. Fuimos el primer país que lo hizo después de la cumbre.[44]

43. En su intervención ante la Cumbre de la Tierra, celebrada el 12 de junio de 1992, Castro había señalado a las sociedades capitalistas desarrolladas como "las responsables fundamentales de la atroz destrucción del medio ambiente . . . No es posible culpar de esto a los países del Tercer Mundo, colonias ayer, naciones explotadas y saqueadas hoy por un orden económico mundial injusto. La solución no puede ser impedir el desarrollo a los que más lo necesitan . . . El intercambio desigual, el proteccionismo y la deuda externa agreden la ecología y propician la destrucción del medio ambiente. Si se quiere salvar a la humanidad de esa autodestrucción, hay que distribuir mejor las riquezas y tecnologías disponibles en el planeta".

44. El nuevo Artículo 27 de la Constitución de la República de Cuba reza: "El Estado protege el medio ambiente y los recursos naturales del país. Reconoce su estrecha vinculación con el desarrollo económico y social sostenible para hacer más racional la vida humana y asegurar la supervivencia, el bienestar y la seguridad de las generaciones actuales y futuras. Corresponde a los órganos competentes aplicar esta política.

"Es deber de los ciudadanos contribuir a la protección del agua, la atmósfera, la conservación del suelo, la flora, la fauna y todo el rico potencial de la naturaleza".

En la versión anterior de este artículo se leía: "Para asegurar el

Esto es posible porque nuestro sistema es socialista en su carácter y compromiso, y porque la máxima dirección de la revolución actúa en función de los intereses de la mayoría de la humanidad que habita el planeta Tierra y no de mezquinos intereses individuales ni incluso sencillamente de los intereses nacionales de Cuba.

---

bienestar de los ciudadanos, el Estado y la sociedad protegen la naturaleza. Incumbe a los órganos competentes y además a cada ciudadano, velar porque sean mantenidas limpias las aguas y la atmósfera, y se proteja el suelo, la flora y la fauna".

Cuba, Venezuela
y América Latina

WATERS: Sío Wong, recientemente ha pasado una gran cantidad de tiempo en Venezuela, respondiendo a una solicitud de ayuda para desarrollar allá un proyecto de agricultura urbana. Decenas de miles de cubanos más están en Venezuela ofreciendo sus servicios como médicos, enfermeros, técnicos, maestros, instructores de deportes y en otras áreas más. ¿Cómo sucedió esto?

SÍO WONG: En Venezuela, en mi opinión, se está desarrollando una revolución, una revolución bolivariana. Las banderas de libertad e integración latinoamericana enarboladas por Simón Bolívar están siendo levantadas por un pueblo que está demostrando su capacidad de enfrentar al imperialismo, al neoliberalismo y a la oligarquía nacional. Hugo Chávez Frías es un líder carismático, honesto, patriota y bolivariano.

Venezuela es un país inmensamente rico, y allí hay riquezas inexplotadas. No solamente petróleo. Es un país de un millón de kilómetros cuadrados que tiene tierra, agua, recursos naturales inmensos. Recursos pesqueros, recursos hidráulicos, recursos minerales, que incluyen el hierro, la bauxita, el oro, el diamante y la riqueza forestal.

Sin embargo, Venezuela es un país donde el 80 por ciento de la población vive en la pobreza, muchos en la extrema pobreza. Hay que ir allí a los cerros de Caracas para ver cómo vive el 80 por ciento de la población. Y esto es en un país que está entre los cinco primeros exportadores de petróleo del mundo. Es el tercer abastecedor de petróleo de Estados Unidos. Un país que tiene la capacidad de producir más de 3 millones de barriles diarios.

Se calcula que los trabajadores de la industria petrolera generaron más de 700 mil millones de dólares en ganancias entre 1958 y 1998. Sin embargo, había más de 2 millones de analfabetos. Muchos no conocían la asistencia médica, ni la educación. ¿Qué hicieron durante 40 años esos gobiernos supuestamente democráticos después que derribaron en 1958 la dictadura de Pérez Jiménez? Esos 700 mil millones de dólares se los robaron al pueblo venezolano. Eso es lo que esos gobiernos supervisaron.

Entonces el gobierno actual está proponiendo lo que Chávez llamó una revolución social. El énfasis está en los proyectos sociales. Durante cerca de tres años el gobierno de Chávez realmente no pudo desarrollar esa perspectiva porque precisamente el corazón de la economía de Venezuela está en poder de la compañía petrolera, PDVSA [Petróleos de Venezuela]. Esta es supuestamente una empresa del estado. Pero el gobierno no disponía de recursos para poder impulsar estos programas sociales.[45]

Esto es distinto de la Revolución Cubana. Los oligarcas y los ricos no se fueron de Venezuela porque Chávez resultó electo. En el primer par de años tras el triunfo de la Revolución Cubana, los trabajadores y campesinos llevaron a cabo la reforma agraria, nacionalizaron la industria e instituyeron otras

45. El gobierno de Venezuela nacionalizó el petróleo en 1975. Sin embargo, cuando los negocios propiedad de empresas extranjeras y de capitalistas venezolanos pasaron a ser propiedad estatal, las operaciones de la nueva empresa —PDVSA— se dejaron en manos de la gerencia anterior.

medidas sociales. Mientras sucedía eso, todos los ricos, todos los dueños de haciendas y de empresas, los dueños de estas mansiones, abandonaron el país y se fueron para Miami. En Venezuela no ha sucedido esto. Todavía están allí. Una gran parte del poder económico —las empresas, las fábricas, los mercados, las tiendas, el transporte— todo eso sigue en manos privadas. Los acaudalados tienen todo el poder mediático en las manos. Por lo tanto, es una situación muy distinta.

Primero, las fuerzas apoyadas por los imperialistas llevaron a cabo un golpe de estado que fue derrotado. Luego vino el golpe petrolero y más recientemente el referendo revocatorio.[46] Después de derrotar los intentos de golpe y de ganar abrumadoramente el referendo revocatorio, la revolución bolivariana, las fuerzas populares, son política y económicamente más fuertes.

46. En una intentona golpista en abril de 2002, Chávez y varios de sus ministros y funcionarios del gobierno fueron arrestados. En respuesta, cientos de miles de trabajadores salieron a las calles desde los barrios pobres de Caracas. Ante el masivo despliegue de apoyo por el gobierno de Chávez, el ejército se dividió y el golpe se derrumbó después de dos días.

En diciembre de 2002, fuerzas capitalistas respaldadas por Washington y opuestas a Chávez comenzaron una "huelga general", intentando tumbar al gobierno. En realidad se trataba de un cierre patronal, a la zaga del cual iba la gerencia de la empresa estatal de petróleo, y que inicialmente paralizó gran parte de la economía venezolana. El pueblo trabajador se movilizó para restaurar la producción. En cuestión de dos meses —y contando con cada vez menos aprobación popular—, el cierre patronal fue derrotado. La mayoría de los antiguos ejecutivos de PDVSA fueron despedidos por el papel que jugaron en organizar la acción.

La oposición respaldada por el imperialismo de nuevo intentó derribar al gobierno de Chávez, esta vez mediante un referendo revocatorio celebrado el 15 de agosto de 2004. Con un masivo esfuerzo por parte de trabajadores y campesinos por todo el país, el referendo fue derrotado, con más del 59 por ciento votando "no".

PDVSA es ahora la fuente de los recursos financieros y la infraestructura para impulsar programas sociales y económicos. Las relaciones económicas y políticas con países de América y del resto del mundo también se han ampliado y consolidado. Eso ha ubicado a Venezuela como un actor importante en el escenario mundial, no solo como un simple exportador de petróleo. Lo principal es el liderazgo que está brindando en el difícil camino de la integración latinoamericana y caribeña, para el cumplimiento de los sueños de Bolívar y de Martí.

La Alternativa Bolivariana para las Américas (ALBA) iniciada por Chávez y Fidel en diciembre de 2004 en La Habana, marca un paso importante para enfrentarse a las maniobras de Estados Unidos para ejercer una mayor hegemonía mediante la implantación del Área de Libre Comercio de las Américas (ALCA).

La colaboración cubana

KOPPEL: ¿Cuándo comenzó la ayuda internacionalista cubana?

SÍO WONG: Chávez recibió nuestro apoyo y colaboración desde el momento de su victoria en las elecciones de 1998. Pero creo que es solo hasta el desastre de Vargas, en diciembre de 1999, que Cuba envió una brigada compuesta por cientos de médicos.[47] Trabajando en condiciones muy difíciles, la brigada llevó solidaridad y ayuda a los damnificados y a la población en general. Las brigadas médicas hicieron un trabajo magnífico. Posteriormente se mantuvo la colaboración en este y otros frentes mediante acuerdos firmados entre ambos países.

---

47. En diciembre de 1999, correntadas de barro y aludes torrenciales azotaron la costa caribeña de Venezuela, dejando unos 50 mil muertos. El estado de Vargas fue el más afectado.

Uno de los primeros programas fue Barrio Adentro. Comenzó en 2003, en los cerros que rodean Caracas. Y más tarde se extendió a todo el país. Es un proyecto de colaboración médica, en el que los médicos trabajan en las zonas más pobres.

Simultáneamente, el presidente Chávez pidió también colaboración en materia de educación, para desarrollar un programa de alfabetización. En ese ámbito tenemos experiencia en Cuba. En 1961 movilizamos 100 mil jóvenes y logramos alfabetizar a más de un millón de personas, erradicando el analfabetismo en solo un año. Posteriormente desarrollamos materiales para programas de alfabetización en portugués, inglés, francés y hasta en creole. Teníamos experiencia con programas de alfabetización en Haití, en África y muchos otros países. Entonces los venezolanos nos pidieron esa ayuda.

Nuestros educadores crearon un programa que utiliza videos y que ha revolucionado la velocidad a la que los estudiantes de todas las edades pueden aprender. En Cuba los estudiantes-maestros vivieron con las familias por un año, incluso en las zonas rurales más aisladas, y les enseñaron utilizando el lápiz, la cartilla y el manual: la forma clásica de aprender. En Venezuela se ha logrado alfabetizar adultos en siete semanas, con 64 lecciones de media hora de duración en video. Se hizo primero una experiencia, con cerca de 400, para ver cuáles eran los problemas. Y dio que el 87 por ciento de los alumnos aprendieron a leer y escribir en siete semanas.

Este programa se masificó y se le llamó la Misión Robinson.[48] Participaron miles de jóvenes venezolanos. Además

48. La Misión Robinson tomó su nombre de Simón Rodríguez, quien fue maestro de Simón Bolívar. Rodríguez escogió el seudónimo de Robinson Crusoe, por el entusiasmo que le provocó la novela de Daniel Defoe.

participó la fuerza armada, con todo el aseguramiento logístico, para crear 50 mil aulas en todo el país: cada una con su video, su televisor, el programa y los facilitadores.

Fueron los mismos venezolanos quienes lo hicieron. Dicen que mandamos miles de educadores. Pero no es así. Lo que llevamos fue nuestra experiencia y el programa. Fueron maestros voluntarios venezolanos quienes facilitaron las clases. A más de millón y medio de venezolanos se les ha enseñado a leer y escribir. No falta mucho para que el país pueda declararse Territorio Libre de Analfabetismo.

Pero el programa educacional no paró allí. Este programa siguió con la Misión Robinson II. Este programa es lo que en Cuba nosotros llamamos la Batalla por el Sexto Grado. En Cuba duró cerca de 10 años. Diez años para hacer que todo el mundo en el país llegara al sexto grado. En Venezuela tienen confianza de que lo van a hacer prácticamente en dos años, usando el medio audiovisual. Ya tienen instaladas las aulas para la Misión Robinson II.

Después está la Misión Ribas, que es seguir y lograr el bachillerato. Y la Misión Sucre, que es un grupo de cerca de 400 mil bachilleres que no habían tenido cupo en la universidad.[49] Se les ha dado una beca de estudio y trabajo, y se les paga 100 dólares mensuales. Y ya se pueden matricular en la universidad. El gobierno tomó toda una serie de edificios administrativos de la PDVSA, y se hizo la Universidad Bolivariana en Caracas.

Ese es el programa educacional.

En cuanto a la asistencia médica, después de empezar Ba-

49. Estos programas llevan los nombres de José Félix Ribas (1775–1815) y Antonio José de Sucre (1795–1830). Ambos fueron líderes de la lucha por la independencia de Venezuela y la del conjunto de Latinoamérica.

rrio Adentro, Chávez dijo, quien quiera médicos cubanos en su barrio que los pida. Porque la oposición intentaba bloquear el programa Barrio Adentro en los estados y los municipios que ellos controlaban.

En cuestión de cuatro o cinco meses, Cuba envió 10 mil médicos a Venezuela.[50] Estos médicos se han instalado en los barrios más pobres. A través del sistema del Médico de Familia, ahora se atiende a más de 17 millones de venezolanos.

El sistema de atención médica en Venezuela se está rediseñando, empezando por la atención primaria, después los policlínicos y más tarde los hospitales. Allí tienen clínicas y hospitales privados. El sistema de salud pública se está rediseñando basado en la medicina preventiva, con la atención del médico que está allí en el barrio. Cada uno atiende a 120 familias.

Se han construido 600 centros diagnósticos, 35 de alta tecnología, con salas de terapia intensiva, estomatología, oftalmología, de rehabilitación y laboratorios clínicos dotados de equipos de última generación.

Aparte de los médicos, hay varios miles de estomatólogos. Se están instalando otros servicios, como el oftalmológico. Una de los dificultades de la Misión Robinson fue que muchos tenían problemas para aprender a leer y escribir porque no veían bien. Entonces se enviaron 300 mil pares de espejuelos, incluso lentes graduados y equipamiento para medir la vista. Miles de pacientes con diferentes enfermedades han venido a Cuba a ser atendidos. Y hay un plan especial para cataratas y otras enfermedades oftalmológicas, llamado

---

50. Para mediados de 2005 había unos 15 mil médicos, 3 mil estomatólogos, 1 500 optometristas, y 1 500 enfermeros, técnicos y otro personal médico cubano. También había unos 6 mil trabajadores de la salud venezolanos que participaban en el programa Barrio Adentro.

Operación Milagro.

Se han integrado también miles de instructores deportivos como parte del plan Barrio Adentro. Ellos están organizando la educación física, el deporte y los programas recreativos en las comunidades. Ellos han organizado el deporte popular, el de los niños y la gimnasia de los abuelos.

Como parte de la colaboración cubana, hay también un programa en el que estoy involucrado para ayudar a la seguridad alimentaria: el programa de los huertos intensivos, o sea el de la agricultura urbana a pequeña escala. No solamente en Caracas, sino en todo el país.

Programa de agricultura urbana

KOPPEL: ¿Cómo se originó?

SÍO WONG: En el año 2000, el director general de la FAO, la Organización de Naciones Unidas para la Agricultura y la Alimentación, que radica en Roma, el señor Jaques Diouf, quien es senegalés, estuvo aquí en La Habana. Él visitó nuestro centro y le expliqué nuestro programa para desarrollar la agricultura organopónica.

El señor Diouf estuvo después en Venezuela en febrero de 2003. Existe un programa de seguridad alimentaria firmado entre la FAO y Venezuela.[51] Se acababa de derrotar el intento de golpe petrolero contra Chávez, y había una crisis alimentaria, porque los dueños de los grandes almacenes de alimentos también se adhirieron al sabotaje económico.

Diouf le dijo al gobierno venezolano que la forma más rápida de producir alimentos era la agricultura urbana. Cuba

---

51. La Organización de Naciones Unidas para la Agricultura y la Alimentación tiene un Programa Especial de Seguridad Alimentaria para "ayudar a quienes viven en países en desarrollo . . . a mejorar su seguridad alimentaria a través de aumentos rápidos en la producción y productividad de alimentos".

era el país donde había más experiencia, dijo. Diouf sugirió que como Chávez es amigo de Fidel Castro, que lo llamara y le pidiera que mandara al general Sío Wong para que les ayudara.

A las 48 horas yo ya estaba en un avión rumbo a Venezuela, junto con Adolfo Rodríguez Nodals, director del INIFAT [Instituto Nacional de Investigaciones Fundamentales en Agricultura Tropical] y del Grupo Nacional de Agricultura Urbana, la doctora Miriam Carrión Ramírez y el ingeniero Miguel Salcines, quienes también fueron asignados a esta misión.

Mediante un proyecto de la FAO, han empezado a implementar la agricultura urbana en Venezuela. La idea inicial era que fuéramos a Venezuela durante 10 ó 12 días para orientar a los especialistas, y después retornar cada dos o tres meses para verificar cómo avanzaba el proyecto. Pero fue al revés: pasaba dos o tres meses allá y después venía 15 ó 20 días aquí para ocuparme de esto.

Llegamos el 20 de febrero del 2003. El 25 de febrero nos entrevistamos con el presidente Chávez para darle nuestras consideraciones. El 15 de marzo el presidente inauguró el organopónico de Fuerte Tiuna y el 28 de marzo, el Bolívar 1 en el centro de Caracas.

El Bolívar 1 está justo en el centro de la ciudad, cerca de las dos torres y del Caracas Hilton. Los venezolanos dieron un terreno que era como un parque, que antes de eso estaba lleno de basura. Al diseñarlo, teníamos que buscar que jugara con el entorno. "No podemos tumbar las palmas estas", dije. Entonces se nos ocurrió que debíamos hacerlo como la Plaza Venezuela, que está allí cerca. La plaza en el mismo centro tiene unos círculos. Entonces hicimos un tanque de agua en el centro, que tiene una fuente encima, y los canteros son redondos. Una cosa muy artística.

Esta es una tarea muy difícil, porque las mismas dificultades e incomprensiones que tuvimos en Cuba, las estamos viendo allá.

Pero la agricultura urbana va a servir cada vez más como fuente de empleo, además de fuente de alimentos en Venezuela. Estos programas van a tener un verdadero impacto social.

En defensa de Venezuela, en defensa de Cuba

WATERS: La oposición respaldada por Washington está llevando a cabo una gran campaña contra la asistencia que brinda Cuba.

SÍO WONG: Se ha librado una gran campaña difamatoria, sobre todo contra los médicos cubanos, por la oposición al gobierno de Chávez. Ellos decían que los médicos cubanos no estaban calificados. Que han ido a quitarle los puestos de trabajo a los médicos venezolanos. La oposición en vano ha tratado de acusar al gobierno de Chávez de querer valerse de los médicos para "cubanizar" la sociedad venezolana.[52] Hay toda una campaña similar en Estados Unidos, por supuesto.

En Caracas los cuatro canales de televisión comerciales son de la oposición. El gobierno tiene uno, que es el de los equipos más viejos y más obsoletos. Prácticamente, todos los periódicos y las estaciones de radio son también de la oposición. Pero su campaña propagandística ha fracasado.

La oposición ha tratado de atacar la calidad del servicio brindado por los médicos cubanos. Los acusaron incluso de

52. En junio de 2003, la Federación Médica Venezolana interpuso una demanda en los tribunales para prohibir que los doctores cubanos ejercieran en Venezuela. Un fallo emitido por una corte menor a favor de la demanda fue rechazada por un tribunal superior. En julio de 2005, centenares de miembros de la FMV realizaron una protesta en el centro de Caracas alegando que los voluntarios cubanos están quitándoles trabajos a los médicos venezolanos.

que un niño había muerto porque lo atendieron mal. Pero un sector sustancial de la misma población se ha encargado de difundir la aceptación total del programa. Porque no es solamente que Barrio Adentro ofrece atención médica las 24 horas del día, sino que 105 tipos diferentes de medicamentos se entregan de forma gratuita, como la insulina para los diabéticos, por ejemplo.

Según un estudio reciente, estos médicos voluntarios están haciendo un millón y medio de consultas mensuales y han salvado unas 7 mil vidas. ¿Qué significa salvar una vida? Que si no se le aplicaba un tratamiento médico a tiempo, esa persona iba a morir, ya sea porque no podía ver a un doctor a tiempo, o por falta de recursos monetarios.

En el 2003 hubo una gran algazara en la CNN porque desertaron unos médicos cubanos. Había entonces en Venezuela 10 mil médicos cubanos. Se fueron 3 ó 4. ¿Qué por ciento es ese? Si Estados Unidos de repente abre el banderín, como decimos aquí, y da todas las visas que quisieran los venezolanos, los colombianos, los mexicanos, ¿cuántos creen ustedes que irían allá? Porque mucha gente en Latinoamérica quiere irse a Estados Unidos esperanzada de lograr una vida mejor, desde el punto de vista económico.

Los programas médico y de alfabetización, Barrio Adentro y Misión Robinson, son de un impacto social tremendo.

Yo viví en Venezuela durante casi un año, y pude observar esa transformación. Cuando estábamos haciendo el primer organopónico allí en el parque central, yo le preguntaba a los trabajadores, "¿cómo es que tú no eres de Chávez? Por qué si durante 40 años los anteriores gobiernos no hicieron nada, ¿cómo tú no estás a favor de Chávez?"

La respuesta entonces era: "No lo apoyo porque durante tres años Chávez no me ha dado nada. Yo sigo siendo pobre".

Pero se está dando una transformación del estado de opinión del pueblo. Todos estos programas sociales y económicos han producido una transformación. Esa es la realidad, y yo la he podido ver.

Cuando yo llegué a Venezuela, creo que fui de los primeros cubanos que subió a los cerros de Caracas. Es decir, uno de los primeros *cubanos de Fidel Castro*, porque allí hay otros cubanos. Yo tuve que recorrer los cerros para ver dónde yo iba a hacer un organopónico. Y los cerros son los barrios populares donde no entra nadie, como en muchas ciudades de América Latina. En las favelas de Río de Janeiro no entra nadie que no viva allí, por ejemplo. Ni la policía, o cuando entra, entra a tiros. Es igual en el barrio Tepito allá en Ciudad de México.

Pero en Venezuela nosotros coordinamos los planes con la gente del barrio y ellos nos organizaron la seguridad. Los médicos son los que más protegidos están, porque los mismos pobladores son los que los cuidan.

Recuerdo en un programa reciente en Venezolana de Televisión —que es el canal del estado—, en que estaban entrevistando a uno de sus pobladores. "Oye, yo no soy chavista", dijo aquel hombre al ver que los reporteros eran de Venezolana de Televisión. "Pero el que me toque aquí a la doctora cubana, se las tiene que ver conmigo. Porque ella me salvó a mi hijo". Eso es típico de la reacción popular.[53]

Ese es nuestro modesto aporte a la revolución bolivariana. Demuestra ese espíritu de internacionalistas que nos enseñaron. En otra parte de la entrevista decimos que fuimos educados en ese espíritu internacionalista porque estamos pagando una deuda con la historia. Una deuda con aquellos

---

53. Ha habido un puñado de casos de ataques físicos contra los médicos internacionalistas cubanos. Un médico fue asesinado en el estado de Araguá en 2003, y un asistente venezolano de otro médico voluntario cubano fue asesinado en Caracas al año siguiente.

africanos, aquellos chinos, con los dominicanos, los venezolanos, los norteamericanos, con todos los que lucharon en las
guerras de independencia cubanas. Entonces tenemos ese deber. Nuestros doctores y demás voluntarios van a Venezuela
con el mismo espíritu con el que nuestros internacionalistas
fueron a Angola, a Etiopía y a Nicaragua.

El otro día en un acto, Chávez dijo que se había reunido con
unos médicos cubanos y que había decidido mandarles unos
colchones, unas camas. Porque se había enterado de que algunos de ellos estaban durmiendo en el suelo.

Entonces se paró un cubano y dice, "Presidente, nosotros
quisiéramos vivir como viven ellos". Y no le aceptó los colchones.

Dice Chávez, "Ese médico me dio una lección".

WATERS: Los médicos y otros voluntarios cubanos también
están aprendiendo mucho de la realidad de la sociedad capitalista.

SÍO WONG: Sí, así es. Nosotros tres —Chui, Choy y yo— vivimos el capitalismo y sí conocemos qué cosa es. Pero los
jóvenes que nacieron aquí después de 1959, no lo conocen.
Ahora lo están viviendo. Ahora están viendo gente que no
tiene dinero para la medicina, no tiene dinero para pagar la
escuela, no tiene dinero para comer, no tiene empleo. Ven
gente que no tiene empleo. Esa es la realidad que ven. Y entonces tienen que preguntarse, ¿pero cómo es posible que
suceda esto en un país que produce tres millones de barriles
diarios de petróleo?

Los imperialistas nos dicen subversivos. Dicen que estamos
subvirtiendo a América Latina. Pero las condiciones objeti-
vas de América Latina no dan. Argentina es un ejemplo. Bolivia es otro ejemplo. Perú es otro ejemplo. Ecuador es otro
ejemplo. Brasil. ¿Qué puede ofrecer el sistema imperialista?
¿Qué puede brindarles el modelo neoliberal o cualquier otra

variante capitalista? Ha fracasado estruendosamente en América Latina.

Cuando yo andaba por allá por los cerros de Caracas, vi que son imponentes. Hay millones de gente allí, y desde los cerros bajó el pueblo a defender a Chávez del golpe. Los imperialistas les tienen miedo a esos cerros.

Cuando yo subía, se acercaba gente del pueblo y decía, "Acá, nosotros somos chavistas".

Les digo, "Yo también soy chavista. Fidel, Raúl y el Che me hicieron subir muchas lomas. Y hoy, con más de 65 años, aún estoy subiendo lomas. Por Venezuela".

Porque pensaban que yo era un periodista japonés cuando me veían con la cámara.

Pero yo les decía: "Yo soy cubano, yo soy cubano de Fidel".

La Batalla de Ideas

KOPPEL: Ustedes se han referido a lo que en Cuba se conoce como la Batalla de Ideas. ¿Nos pueden explicar qué es esto?

SÍO WONG: Los defensores del capitalismo tratan de imponer su cultura, sus ideas, a todo el mundo. A los pueblos de todo el mundo nos quitan nuestras propias culturas. Los imperialistas tienen la supremacía tecnológica y científica. Una la han desarrollado, otra se la han robado. Ejercen el dominio sobre los medios de comunicación y de información a nivel mundial, a través de los cuales tratan de imponer sus valores y justificar sus relaciones sociales.

Por eso esta Batalla de Ideas es tan importante y tan compleja. Nuestra capacidad de librar esta batalla depende mucho de la educación, de la enseñanza, de la cultura. Del ejemplo que demos a los niños y a los jóvenes.

Ahora estamos empezando otra revolución. Esta vez es en la educación de nuestros niños. "Ser culto para ser libre", dijo Martí. ¿Cómo hacer para que nuestros niños, nuestros jóvenes y consecuentemente nuestros hombres y nuestras mujeres sean verdaderamente libres si no aprenden a pensar con cabeza propia? ¿Cómo pueden contribuir al desarrollo del país? La época del manual, del sketch, ya pasó. Tenemos que ajustarlo todo a nuestras realidades y a la realidad que vive el mundo hoy.

Antes de la revolución aquí en Cuba el 95 por ciento, quizás más, nos considerábamos anticomunistas, aunque no sabíamos qué era el socialismo. Nos enseñaban con los libritos de Superman y de Tarzán y del Halcón Negro. Uno de los muñequitos que nos gustaban mucho era el Halcón Negro. Recuerdo que era una escuadrilla de pilotos de combate, y los personajes incluían a un sueco, un francés, un chino, un polaco. Y a los comunistas los pintaban como sangrientos. El personaje chino, un cocinero llamado Chop-Chop, era una caricatura racista. Eso nos lo enseñaban hasta en la escuela. Eso lo vivíamos diariamente.

Hay una anécdota famosa de los primeros años de la revolución, cuando Fidel tuvo una reunión con unos campesinos y obreros.

"¿Están de acuerdo con la reforma agraria?", les preguntó Fidel.

"Sí".

"¿Están de acuerdo con la reforma urbana?"

"Sí".

"¿Están de acuerdo con la nacionalización de las empresas?"

"Sí".

"¿Están de acuerdo con el socialismo?"

"No, ¡nosotros no estamos de acuerdo con el socialismo!"

Y era así.

¿Qué momento escoge Fidel para proclamar el carácter socialista de la revolución? Escogió el comienzo de la agresión del imperialismo en Playa Girón en abril de 1961. Fue entonces, en el entierro de los caídos después de los bombardeos contra nuestros aeropuertos el 15 de abril de 1961, que Fidel explicó por primera vez que nuestra revolución es una revolución socialista. Aquel ataque aéreo fue el preludio de la invasión mercenaria dos días después.

Ustedes saben que la mayoría de las películas que se exhiben aquí en Cuba son norteamericanas. Nosotros no estamos encerrados. No vivimos en una urna de cristal. La gente tiene acceso a la internet, y tienen familiares en Estados Unidos. Hemos desarrollado ampliamente el turismo. Lo principal es enseñarnos a nosotros mismos a pensar. Desde que triunfa la revolución nos educaron en el socialismo. Nos educaron en la idea del desprendimiento, de ser capaces de dar hasta nuestra propia vida por otro pueblo. Eso es la máxima expresión del desprendimiento humano.

Yo fui a Angola a arriesgar la vida por la lucha del pueblo angolano. ¿Qué beneficio material iba a tener? Ninguno. Y así fueron decenas y decenas de miles —maestros, médicos, especialistas—. Fueron a pasar trabajo en los lugares más alejados. ¿Cómo es posible esto si no hay una conciencia?

Pero para finales de los 90 en Cuba había 76 mil jóvenes que no estudiaban, ni trabajaban. Como dijo Fidel, nos habíamos descuidado. La mayoría de esos jóvenes tenía problemas familiares, de las madres y padres divorciados, etcétera. Habíamos empezado a catalogarlos de "predelincuentes". ¡Esa terminología es horrorosa! ¿Cómo era posible? Si eran nacidos dentro de la revolución. Si son producto de la revolución. Son nuestros hijos. Sus padres fueron la generación que fue a Angola, a Nicaragua y que habían dado la vida por la revolución.

La verdad es que habían habido fallas en la educación. Habían habido fallas en el trabajo político. En el trabajo social. Eso lo reconocemos. Esa es, yo creo, la genialidad de Fidel. Reconocer las fallas y tomar medidas para corregirlas. Y no perder ni un minuto en ese proceso.

Con el comienzo de la Batalla de Ideas, todos estos jóvenes se pusieron a estudiar, y recibieron un salario mientras estudiaban. La inmensa mayoría ahora cree que tienen un futuro socialmente útil.

Creo que esto es una revolución cultural. No me gusta llamarla así, porque eso se parece a la Revolución Cultural china. Entonces llamémosla una revolución educacional. Pero esta gran Batalla de Ideas no es más que una revolución dentro de la revolución: lograr que nuestro pueblo tenga una educación y una cultura general integral.

Ya yo lo explicaba anteriormente, tenemos desigualdades que no nos gustan. Más del 60 por ciento aquí del pueblo, por ejemplo, tiene acceso a divisas. Eso quiere decir que un 40 por ciento no. Yo no. Pero hay mucha gente que sí. Recibe remesas en dólares u otras divisas de sus familiares. O trabaja en un lugar —como el turismo, el tabaco, el níquel, la electricidad— donde reciben una parte de su salario en divisa.

A menudo hay quienes no entienden por qué en las tiendas de dólares los precios son caros. Yo se lo explico incluso a muchas personas, a muchos empresarios que vienen aquí. En las tiendas de dólares el gobierno pone los precios más elevados para que podamos pagar por los programas que van a compensar un poco a los que no reciben dólares. Por eso los precios en esas tiendas son caros.

Ahora subsidiamos un número de artículos a los que todo el mundo en Cuba tiene igual acceso. Aquí todo el mundo tiene acceso a la medicina gratis. A cualquiera aquí se le hace una operación de corazón y no se le pregunta sobre su cuenta bancaria. La educación la recibe todo el mundo de manera gratuita. Nuestra seguridad social no solo cubre el ingreso de jubilación para cada ciudadano, sino que también cubre la incapacidad, la maternidad, el embarazo. Algunos amigos nos critican por mantener estos programas. Pero es que estamos demostrando lo mucho que se puede hacer con pocos recursos económicos. Lo principal son los recursos humanos.

Esta batalla es indudablemente compleja, pero es vital. Hay

que ver cómo se expresan nuestros niños, nuestros jóvenes. Hay que ver el nivel político que tienen. Eso también lo queremos masificar lo más ampliamente posible. Queremos masificar la cultura, la educación para defender nuestra identidad nacional, identidad socialista. Pero sobre todo, queremos enseñarles a nuestros jóvenes a pensar.

CHUI: Una organización que ha ocupado un lugar de vanguardia en la Batalla de Ideas es la Asociación de Combatientes de la Revolución Cubana. Es una organización de quienes hemos combatido para impulsar la Revolución Cubana y sus misiones internacionalistas. Compañeros que estuvieron en el Ejército Rebelde, en la lucha clandestina, pelearon en Girón, en la lucha contra los bandidos contrarrevolucionarios, o cumplieron misión internacionalista, ya sea combativa o como médicos o maestros.

Todos los combatientes tenemos asignadas escuelas y centros laborales donde ofrecemos charlas y conversatorios a los estudiantes, a los trabajadores y a la comunidad. Discutimos nuestras vivencias en la lucha revolucionaria dentro de Cuba y en misiones internacionalistas. Divulgamos la historia de la revolución y sus contribuciones a otras causas.

Pero no es principalmente sobre el pasado. Nuestra historia aún se está escribiendo. Seguimos combatiendo día a día por la defensa incondicional de nuestra revolución socialista.

Por eso la Asociación de Combatientes está en las primeras filas de la lucha por la liberación de nuestros Cinco Héroes, luchadores contra el terrorismo injustamente presos en cárceles de Estados Unidos. Asímismo estamos en las primeras filas en la condena y denuncia de las políticas agresivas de la administración norteamericana hacia nuestro país.

CHOY: Ya ustedes oyeron nuestras historias. Podrían escribir un libro sobre Chui: dónde vivió, los lugares donde trabajó. De lo que hizo su padre para sostener a la familia. De

Moisés también, cómo lo explotó su cuñado. Conocimos eso. Lo vivimos. Lo sufrimos.

Ya compartí con ustedes la historia de aquel hombre que llegó al negocio de mi padre sin poder dar de comer a su familia porque no tenía siete centavos. Escucharon de la discriminación de mi amigo que no pudo entrar a un baile porque era hijo de chino.

Ahora los jóvenes no ven eso. No viven ese tipo de discriminación por el color de la piel, ni económica, de ningún tipo. Quizás no tengamos la alimentación más adecuada, pero todo el mundo en Cuba desayuna, almuerza y cena. Todos los niños y jóvenes, hasta el noveno grado, tienen garantizado su almuerzo en las escuelas. Antes de la revolución no todos podían estar seguros ni siquiera si iban a poder ir a la escuela. Mucho menos obtener atención médica.

Hay que educar a los jóvenes para que conozcan estas cosas. Hay que educarlos para que conozcan sobre la historia de Cuba, sobre la guerra de independencia contra España, la guerra contra la dictadura de Batista, la gloriosa victoria en Playa Girón, la lucha contra las bandas contrarrevolucionarias, las misiones internacionalistas. Para que comprendan de verdad lo que es una revolución, lo que es el socialismo.

Estos jóvenes médicos, maestros, entrenadores de deportes, y otros más, que van al exterior en misiones internacionalistas: están recibiendo una educación de lo que es el sistema social en esos países. Ven que nuestro sistema social es muy distinto. Están aprendiendo que un mundo mejor sí es posible. Pero solo con una revolución socialista.

APÉNDICE

CUITO CUANAVALE: UNA VICTORIA PARA TODA ÁFRICA

Todo nos lo jugamos
en Angola

FIDEL CASTRO

[. . .] Considero que en los últimos 12 meses, en el último
año, nuestro país escribió una de las páginas más valientes,
más extraordinarias de espíritu internacionalista.

Ello comenzó hace menos de 13 meses, con la crisis que se
presentó en la República Popular de Angola. Fueron momentos verdaderamente serios, fue una situación particularmente
difícil, por distintas razones: llevábamos ya alrededor de 12
años cumpliendo nuestra misión internacionalista en ese hermano país, fuimos fieles a los compromisos a lo largo de esos
años en que se mantuvo nuestra presencia en Angola, no para
participar en la contienda interna, puesto que los problemas
internos de cada país debe resolverlos cada país. Nuestra pre-

Este recuento hecho por Fidel Castro sobre la batalla de Cuito Cuanavale, fue presentado ante una concentración de medio millón de
personas en La Habana el 5 de diciembre de 1988. El mitin conme-
moró el Día de las Fuerzas Armadas, 2 de diciembre, aniversario
del desembarco del *Granma* en 1956, que marcó el comienzo de la
guerra revolucionaria contra la dictadura batistiana. El discurso,
del que aquí se publican fragmentos, apareció íntegro en el número de febrero de 1989 de *Perspectiva Mundial*. En inglés aparece en
*In Defense of Socialism: Four Speeches on the 30th Anniversary of the
Cuban Revolution* (En defensa del socialismo: cuatro discursos en
el 30 aniversario de la Revolución Cubana; Pathfinder, 1989).

sencia era como un escudo frente a la amenaza sudafricana, que fue la que origino nuestra presencia en Angola en el año 1975, a solicitud de la dirección de ese país [. . .]

Esta crisis se origina en una ofensiva organizada por las FAPLA contra la UNITA en un territorio situado al sudeste de Angola, muy distante del extremo oriental de nuestra línea. En esa ofensiva no participaban ni participaron nunca los cubanos. Y no era la primera, otra ofensiva se había hecho en 1985, a partir de un punto hoy conocido por Cuito Cuanavale.

Cuito Cuanavale estaba a 200 kilómetros al este del último punto de la línea cubana, a 200 kilómetros de Menongue. Desde allí se hizo la ofensiva de las FAPLA, en 1985, contra la UNITA, hacia el sureste. Cuando ya habían avanzado alrededor de 150 kilómetros en aquella apartada región, se produce la intervención de las tropas sudafricanas, muy lejos de nuestras líneas, a 350 kilómetros del último punto de nuestras líneas, y obligan a retroceder a las FAPLA.

A decir verdad, teníamos nuestras opiniones sobre esas operaciones, y uno de nuestros puntos de vista era que no se podían realizar esas ofensivas sin contar con la intervención sudafricana. Teníamos puntos de vista muy claros, muy precisos y muy categóricos sobre la cuestión.

En 1986 no se produjeron ese tipo de ofensivas.

Nosotros decíamos: si se quieren desarrollar ofensivas en esa dirección dentro del territorio angolano —lo cual es un derecho del gobierno angolano, un derecho irrenunciable—, hay que crear las condiciones apropiadas para prohibirle a Sudáfrica intervenir. ¡Hay que crear las condiciones apropiadas para impedirle a Sudáfrica intervenir! Y nosotros les decíamos a los que aconsejaban esas operaciones, que no se podían llevar a cabo si no se creaban las condiciones para prohibirle a Sudáfrica intervenir.

Nuestros puntos de vista fueron escuchados en 1986. Pero, desgraciadamente, no fueron lo suficientemente escuchados en 1987, y las cosas ocurrieron exactamente como habíamos previsto: en un momento dado y en aquellos apartados rincones del este de Angola, cuando se desarrollaba exitosamente la ofensiva de las FAPLA contra la UNITA, intervienen de nuevo los sudafricanos con artillería, tanques, aviación y tropas.

Pero en el año 1987 no se limitaron a una intervención para frenar a las FAPLA. Esa intervención se produce en el año 1987 —como ya había ocurrido en 1985— al norte de Mavinga. Mavinga es un lugar tan distante, que ni siquiera nuestros aviones de combate ubicados en Menongue lo podían alcanzar. Esta vez —decía— no se limitaron los sudafricanos a rechazar la ofensiva, sino que avanzaron en persecución de las FAPLA en dirección a Cuito Cuanavale e intentaron destruir la mayor y mejor agrupación de tropas angolanas. Cuito Cuanavale, repito, está a 200 kilómetros al este de Menongue, extremo oriental de nuestra línea. Allí los sudafricanos intentan decidir, a su favor y a favor de la UNITA, la guerra contra Angola.

Desde luego, aquel lugar distante no era el lugar ideal para grandes batallas, allí la logística y los suministros se hacían muy difíciles. Para llegar desde Menongue hasta Cuito Cuanavale había que recorrer 200 kilómetros dentro del bosque. Es decir, el enemigo había escogido el campo de batalla que más le convenía.

Al crearse aquella situación, situación que se desarrolla realmente porque no se tomaron en cuenta nuestros puntos de vista militares, situación difícil que podía resultar decisiva, entonces todo el mundo nos pide que actuemos, que tratemos de impedir que allí ocurra un desastre. Todo el mundo nos lo pide y todo el mundo espera que Cuba resuelva la situación.

Pero realmente, y de acuerdo a nuestra apreciación, las tropas cubanas y los medios disponibles en Angola no eran suficientes para resolver aquella situación. No eran suficientes. No había tropas y medios suficientes para defender una línea de más de 700 kilómetros y, además, avanzar entre el bosque 200 kilómetros hacia el este para enfrentar el problema. Corríamos el riesgo de hacernos fuertes allí y débiles en los otros puntos, el riesgo de caer en una gran trampa.

Por eso, desde el primer momento vimos clara la situación y sacamos la conclusión de que, aunque aquel problema podía tener solución, para ello era indispensable reforzar las tropas y aplicar una concepción militar adecuada. El principio era: no se deben librar batallas decisivas en el terreno escogido por el enemigo, hay que dar las batallas decisivas en el terreno escogido por las fuerzas propias y golpear al enemigo en lugares sensibles, verdaderamente estratégicos.

Esta situación de crisis se presenta a mediados de noviembre; acababa yo de regresar de la Unión Soviética, donde había asistido al 70 aniversario. A los pocos días de estar aquí empiezan a llegar las noticias de Angola. La situación se había hecho muy crítica, los sudafricanos estaban en las inmediaciones de Cuito Cuanavale, la amenaza era grave, no se podía perder un minuto.

Fue el 15 de noviembre del pasado año [1987] que, reunidos con el estado mayor de nuestras Fuerzas Armadas Revolucionarias, tomamos la decisión política y la decisión militar de enfrentar la situación, y adoptar las medidas que fuesen necesarias. Otra cosa habría conllevado a la probable aniquilación de la mejor agrupación de tropas angolanas, tras lo cual las consecuencias habrían sido imprevisibles para la supervivencia de la República Popular de Angola. Habría podido presentarse, incluso, una situación complicada para nuestras tropas. Es por ello que, después de pensarlo detenidamente, la dirección de nuestro partido toma la decisión de reforzar las tropas y ayudar a resolver aquel grave problema que se había creado.

Pero todo no era tan sencillo, todo no era tan simple. En el terreno político había una situación compleja, el 7 de diciembre se reunirían en Washington el compañero Gorbachov con el presidente Reagan para discutir importantes temas relacionados con la paz internacional, el peor momento para una decisión de esa naturaleza, la acción de Cuba podía considerarse inconveniente y la cuestión era: o se toma la decisión, o se afrontan las consecuencias de permitir a los sudafricanos actuar impunemente y decidir militarmente la lucha en Angola.

A decir verdad, la dirección de nuestro partido y la dirección de nuestras Fuerzas Armadas Revolucionarias no vacilaron ni un instante, y se tomó la decisión correcta —fecha exacta— el 15 de noviembre de 1987. Lo primero que hicimos fue trasladar hacia Angola los pilotos más experimentados de nuestra fuerza aérea, para que empezaran a actuar desde el aire, a partir de la base de Menongue, contra las tropas sudafricanas que asediaban a Cuito Cuanavale. Simultáneamente, se seleccionaron y se comenzó el envío desde Cuba de las unidades de combate y las armas necesarias para dar una respuesta a aquella situación, las necesarias para hacer fracasar los planes enemigos.

Ya el empleo de la aviación empezó a surtir un efecto determinado, pero no era suficiente. Fue necesario enviar por aire un grupo de asesores, de oficiales y de cuadros a Cuito Cuanavale, además, artilleros, tanquistas, técnicos en armas y equipos, que en número de alrededor de 200 se trasladaron hacia aquel punto para apoyar, principalmente desde el punto de vista técnico y de asesoramiento, a las fuerzas angolanas. Pero aquello no era suficiente, y fue necesario enviar por tierra, recorriendo aquellos 200 kilómetros, unidades de tanques, artillería e infantería blindada. La cuestión era asegurar a Cuito Cuanavale, impedir que el enemigo aniquilara a la agrupación de tropas angolanas y tomara aquel punto, que se estaba convirtiendo en un símbolo de la resistencia y del éxito o el fracaso de Sudáfrica.

Así se desarrolló —y no he mencionado más de una parte— el proceso de aquella lucha. No intentábamos llevar a cabo allí una batalla decisiva. Junto a Cuito Cuanavale, que es una cabecera municipal, está el río Cuito. Allí había un puente, y el enemigo, con métodos sofisticados, empleando aviones teleguiados, logró al fin interrumpir el puente. De modo que una parte de la fuerza angolana estaba del otro lado del río, sin puente, y otra parte estaba al oeste, donde se encuentra precisamente, el pueblo de Cuito Cuanavale.

Era compleja la situación, pero tenía remedio. Y había que ponerle remedio sin darle oportunidad al enemigo de una batalla decisiva allí. Había que frenarlo, había que pararlo, había que evitar que destruyera la agrupación de tropas angolanas y que tomara Cuito Cuanavale. Una explicación con más detalles tendría que ser en otras circunstancias, en otra oportunidad, quizás tarea de escritores y de historiadores, todo lo que allí ocurrió y cómo se desarrollaron los acontecimientos.

El gobierno de Angola nos había asignado la responsabilidad de la defensa de Cuito Cuanavale, y se tomaron todas las medidas necesarias, no solo para frenar a los sudafricanos, sino para convertir Cuito Cuanavale en una trampa. ¡En una trampa contra la que se estrellaron las tropas sudafricanas!

Allí en Cuito Cuanavale, realmente, se rompieron los dientes los sudafricanos. Y todo esto con un mínimo de bajas. ¡Un mínimo de bajas por parte de las fuerzas propias, angolanas y cubanas!

Se empeñaron en la acción y fracasaron rotundamente, pero la estrategia cubano-angolana no era simplemente frenar al enemigo en Cuito Cuanavale, sino concentrar las fuerzas y medios suficientes al oeste de nuestras líneas, para avanzar hacia el sur y amenazar puntos claves de las fuerzas sudafricanas.

La idea esencial era frenarlos en Cuito Cuanavale y golpearlos por el suroeste. Se acumularon fuerzas suficientes para amenazar seriamente lugares de importancia estratégica para Sudáfrica y propinarle contundentes golpes en el terreno escogido por nosotros, no por el enemigo.

Nuestras fuerzas avanzaron hacia el sur por el oeste, en número y con medios suficientes para cumplir su misión. Bastaron unos cuantos choques de la exploración, y el golpe aéreo contundente sobre sus posiciones en Calueque, para que los sudafricanos se dieran cuenta de la tremenda fuerza que tenían delante, y este cambio en la correlación de fuerzas fue lo que abrió el camino de las negociaciones, nadie vaya a pensar que esto ocurrió por casualidad.

Ya venían hacía tiempo los norteamericanos reunidos con los angolanos, presentándose como intermediarios entre angolanos y sudafricanos para buscar una solución de paz, y así transcurrieron años. Pero mientras se producían estas supuestas negociaciones por intermedio de los norteamericanos, los sudafricanos habían intervenido y habían tratado de resolver militarmente la situación en Angola, y lo habrían tal vez logrado de no haberse producido el esfuerzo realizado por nuestro país.

El hecho es que la correlación cambió radicalmente, los sudafricanos habían sufrido en Cuito Cuanavale una derrota contundente, y lo peor para ellos estaba por llegar, se pusieron a jugar con candela, a decir verdad, y encontraron candela.

Quizás nunca en la historia de más de 12 años se habían

visto frente a un peligro mayor. Cuando en el año 1976 llegamos hasta la frontera de Namibia, teníamos hombres, teníamos un buen número de tanques y cañones, pero no teníamos aviación, ni cohetería antiaérea, ni muchos de los medios con que disponemos hoy.

Debo decir que en la batalla de Cuito Cuanavale nuestros pilotos se llenaron de gloria, escribieron páginas verdaderamente extraordinarias. Llevaron a cabo un puñado de pilotos, en unas pocas semanas, cientos y cientos de misiones; se hicieron del dominio del aire con los MIG-23, y realmente hay que decir que realizaron una gran hazaña, eso fue un factor importante.

Para Angola enviamos no solo nuestros mejores pilotos, enviamos nuestras mejores armas antiaéreas, una gran cantidad de medios antiaéreos portátiles, una buena cantidad de artillería coheteril antiaérea, reforzamos nuestros medios de combate aéreo, se enviaron cuantos tanques, transportadores blindados y piezas artilleras fueron necesarios.

Mencioné a los pilotos, pero sería justo mencionar el comportamiento de nuestros tanquistas, de nuestros artilleros, de nuestro personal de la defensa antiaérea y de la infantería, de nuestros exploradores, de nuestros zapadores. Ellos organizaron y ayudaron a crear infranqueables campos de minas, donde se estrellaron los tanques sudafricanos en Cuito Cuanavale. El éxito fue resultado de la acción coordinada de las distintas armas, allí, en estrecha relación con las tropas angolanas, que realmente allí, en ese empeño común, actuaron con un heroísmo extraordinario y con gran eficiencia.

En las batallas que se libraron, en los combates al este del río, se distinguió especialmente la 25 Brigada de Infantería angolana. Fue una lucha común, un mérito común y una gloria común.

En Cuito Cuanavale la mayor parte de las fuerzas eran angolanas; y en nuestro avance hacia el sur, que hicimos también en común, la mayor parte de las fuerzas eran cubanas. Se acumuló realmente una fuerza potente. En nuestras manos estaba el dominio del aire, el dominio antiaéreo y el dominio terrestre. Fuimos muy cuidadosos en la protección antiaérea de las tropas por cuanto, aunque la aviación sudafricana se desapareció del aire después que recibió algunas buenas lecciones de parte de nuestros medios antiaéreos, siempre avanzaron las tropas y siempre ocuparon sus posiciones con el máximo de protección antiaérea que estaban y están todavía en constante estado de alerta, en previsión de cualquier ataque sorpresivo. Habíamos analizado bien las experiencias de las últimas guerras y no se le ofreció al enemigo una sola oportunidad. ¡Una sola oportunidad!

No solo por las medidas que se tomaron en el terreno, la fortificación del terreno, los medios antiaéreos, los medios aéreos. Se realizaron proezas constructivas, en cuestión de semanas se construyó un aeropuerto de combate, una base aérea, con lo cual nuestra aviación avanzó más de 200 kilómetros y amenazaba seriamente puntos neurálgicos de las tropas sudafricanas. No hubo improvisación, no hubo aventuras, no hubo descuidos, el enemigo se percató no solo de que estaba frente a fuerzas muy poderosas, sino también muy experimentadas.

De esta forma se crearon las condiciones que dieron oportunidad a las negociaciones que se han ido desarrollando y que, incluso, han ido avanzando en los últimos meses; un cambio radical en la situación política, diplomática y militar.

En estas negociaciones Estados Unidos ha estado actuando como mediador. Se puede poner "mediador" entre comillas, y al poner mediador entre comillas no le niega cierto aspecto positivo en su actuación diplomática en estas negociaciones. Digo "mediador" entre comillas, porque ellos son aliados de la UNITA, ellos suministran armas a la UNITA. En eso actúan como aliados de Sudáfrica, pero a la vez estaban interesados en buscar una solución al problema de Namibia, en buscar alguna fórmula de paz en la región, como consecuencia de la cual sean retiradas las tropas cubanas de Angola.

Es conocido que Estados Unidos perdió prácticamente el sueño con esa especie de osadía de que un pequeño país como Cuba, bloqueado y amenazado, fuera capaz de cumplir una misión internacionalista de esta naturaleza. En la cabeza del imperio, eso no se concibe. Solo ellos en el mundo tienen derecho a tener tropas en todas partes, armas en todas partes y bases en todas partes, pero el hecho de que un pequeño país del Caribe haya sido capaz de apoyar al hermano pueblo africano, es algo que se sale de sus parámetros, de sus concepciones y de sus normas.

Claro que esta misión internacionalista de Cuba ejerció un impacto muy grande en África. Los pueblos de África, incluso gobiernos de África que no son revolucionarios, que son más bien de derecha, han visto con admiración la misión desempeñada por Cuba en África. Los pueblos africanos saben que esas son tropas aliadas; saben que el único país no africano que ha enviado tropas a defender un país de África contra la agresión de la Sudáfrica racista y fascista es Cuba [. . .]

Una buena parte del tiempo de la dirección, de nuestro tiempo, del tiempo de las Fuerzas Armadas Revolucionarias, lo ocupó este problema a lo largo del año. Ya les dije que no fue fácil la decisión y sobre todo, el momento en que se tomó la decisión. Ya les conté en esencia, vísperas de la reunión de Gorbachov con Reagan; hubo algunos que llegaron a creer que estábamos conspirando contra la paz, conspirando contra la distensión, puesto que en aquellas circunstancias nos veíamos en la obligación de enviar tropas de refuerzo. Pero en aquella situación les aseguro que no se podía perder un día, no se podía perder un minuto. Un minuto que se perdiera y habría sido tarde.

Hay momentos en que hay que tomar decisiones difíciles o decisiones amargas, y cuando ese momento llegó, nuestro partido y nuestras fuerzas armadas no vacilaron en ningún instante, creo que eso ayudó a evitar un descalabro político y un descalabro militar para Angola, para el África y para todas las fuerzas progresistas. Creo que eso ayudó decisivamente a las perspectivas de paz que hoy se presentan en la región.

Creo que un día como éste es digno de homenaje, el esfuerzo llevado a cabo por nuestros combatientes y por nuestro pueblo, misión de la cual podemos sentirnos orgullosos todos, una página más de gloria para nuestro pueblo combatiente, para nuestras fuerzas armadas, nacidas primero el 10 de octubre de 1868, nacidas de nuevo el 2 de diciembre de 1956.

Hay algunos que se han atrevido, incluso, a cuestionar el espíritu y el heroísmo internacionalista de nuestro pueblo, que lo han criticado; esa es la esperanza yanqui, que surjan corrientes antiinternacionalistas en el seno del pueblo para debilitarnos. Como hemos dicho otras veces, ser internacionalista es saldar nuestra propia deuda con la humanidad. Quien no sea capaz de luchar por otros, no será nunca suficientemente capaz de luchar por sí mismo. Y el heroísmo demostrado por nuestras fuerzas, por nuestro pueblo en otras tierras, en tierras lejanas, ha de servir también para hacerles conocer a los imperialistas lo que les espera si un día nos obligan a luchar en esta tierra.

Una contribución sin paralelo a la libertad en África

NELSON MANDELA

[. . .] EL PUEBLO CUBANO OCUPA un lugar especial en el corazón de los pueblos de África. Los internacionalistas cubanos hicieron una contribución a la independencia, la libertad y la justicia en África que no tiene paralelo por los principios y el desinterés que la caracterizan. Desde sus días iniciales la Revolución Cubana ha sido una fuente de inspiración para todos los pueblos amantes de la libertad.

Admiramos los sacrificios del pueblo cubano por mantener su independencia y soberanía ante la pérfida campaña imperialista orquestada para destruir los impresionantes logros alcanzados por la Revolución Cubana.

Nosotros también queremos ser dueños de nuestro propio destino. Estamos decididos a lograr que el pueblo de

Este discurso fue ofrecido en julio de 1991, al año siguiente de la excarcelación de Nelson Mandela y apenas dos meses después de que los últimos voluntarios internacionalistas cubanos retornaran de Angola. Mandela visitó Cuba para expresar su agradecimiento por el apoyo duradero de Cuba a la lucha del pueblo sudafricano. Aquí se reproducen fragmentos de sus palabras, pronunciadas ante decenas de miles de cubanos e invitados internacionales, el 26 de julio en Matanzas, Cuba, para celebrar el 38 aniversario del ataque al cuartel Moncada. El discurso se publica en su totalidad en Nelson Mandela, Fidel Castro, *¡Qué lejos hemos llegado los esclavos! Sudáfrica y Cuba en el mundo de hoy* (Pathfinder, 1991).

Sudáfrica forje su futuro y que continúe ejerciendo sus derechos democráticos a plenitud después de la liberación del apartheid. No queremos que la participación popular cese cuando el apartheid haya desaparecido. Queremos que el momento mismo de la liberación abra el camino a una democracia cada vez mayor.

Admiramos los logros de la Revolución Cubana en la esfera de la asistencia social. Apreciamos cómo se ha transformado de un país al que se le había impuesto el atraso a uno de cultura universal. Reconocemos los avances en los campos de la salud, la educación y la ciencia.

Es mucho lo que podemos aprender de su experiencia. De modo particular nos conmueve la afirmación del vínculo histórico con el continente africano y sus pueblos. Su invariable compromiso con la erradicación sistemática del racismo no tiene paralelo.

Pero la lección más importante que ustedes pueden ofrecernos es que sin importar las adversidades, sin importar las dificultades en las que han tenido que luchar, ¡no puede haber claudicación! ¡Es un caso de libertad o muerte!

Yo sé que su país atraviesa actualmente muchas dificultades, pero tenemos confianza en que el indoblegable pueblo cubano las vencerá en la misma forma en que ha ayudado a otros pueblos a vencer las que afrontaban.

Sabemos que el espíritu revolucionario de hoy se inició hace mucho, y que ese espíritu se fue nutriendo del esfuerzo de los primeros combatientes por la libertad de Cuba y de hecho por la libertad de todos aquellos que sufren bajo el dominio imperialista.

Nosotros también hallamos inspiración en la vida y ejemplo de José Martí, quien no es solo un héroe cubano y latinoamericano, sino una figura justamente venerada por todos los que luchan por ser libres.

También honramos al gran Che Guevara, cuyas hazañas revolucionarias —incluso en nuestro continente— fueron tan poderosas que ningún encargado de censura en la prisión nos las pudo ocultar. La vida del Che es una inspiración para todo ser humano que ame la libertad. Siempre honraremos su memoria.

Hemos venido aquí con gran humildad. Hemos venido aquí con gran emoción. Hemos venido aquí conscientes de la gran deuda que hay con el pueblo de Cuba. ¿Qué otro país puede mostrar una historia de mayor desinterés que la que ha exhibido Cuba en sus relaciones con África?

¿Cuántos países del mundo se benefician de la obra de los trabajadores de la salud y los educadores cubanos? ¿Cuántos de ellos se encuentran en África?

¿Dónde está el país que haya solicitado la ayuda de Cuba y que le haya sido negada?

¿Cuántos países amenazados por el imperialismo o que luchan por su liberación nacional han podido contar con el apoyo de Cuba?

Yo me encontraba en prisión cuando por primera vez me enteré de la ayuda masiva que las fuerzas internacionalistas cubanas le estaban dando al pueblo de Angola —en una escala tal que nos era difícil creerlo— cuando los angolanos se vieron atacados en forma combinada por las tropas sudafricanas, el FNLA[*] financiado por la CIA, los mercenarios, y las fuerzas de la UNITA y de Zaire en 1975.

Nosotros en África estamos acostumbrados a ser víctimas de otros países que quieren desgajar nuestro territorio o sub-

---

[*] Referencia al Frente Nacional de Liberación de Angola, antiguo grupo independentista dirigido por Holden Roberto, que era parte de la alianza respaldada por los imperialistas que procuraba derrocar al gobierno angolano.

vertir nuestra soberanía. En la historia de África no existe otro caso de un pueblo que se haya alzado en defensa de uno de nosotros.

Sabemos también que ésta fue una acción popular en Cuba. Sabemos que aquellos que lucharon y murieron en Angola fueron solo una pequeña parte de los que se ofrecieron como voluntarios. Para el pueblo cubano, el internacionalismo no es simplemente una palabra, sino algo que hemos visto puesto en práctica en beneficio de grandes sectores de la humanidad.

Sabemos que las fuerzas cubanas estaban dispuestas a retirarse poco después de repeler la invasión de 1975, pero las continuas agresiones de Pretoria hicieron que esto fuera imposible.

La presencia de ustedes y el refuerzo enviado para la batalla de Cuito Cuanavale tienen una importancia verdaderamente histórica. ¡La aplastante derrota del ejército racista en Cuito Cuanavale constituyó una victoria para toda África!

¡Esa contundente derrota del ejército racista en Cuito Cuanavale dio la posibilidad a Angola de disfrutar de la paz y consolidar su propia soberanía!

¡La derrota del ejército racista le permitió al pueblo combatiente de Namibia lograr finalmente su independencia!

¡La decisiva derrota de las fuerzas agresoras del apartheid destruyó el mito de la invencibilidad de los opresores blancos!

¡La derrota del ejército del apartheid sirvió de inspiración al pueblo combatiente dentro de Sudáfrica!

¡Sin la derrota infligida en Cuito Cuanavale nuestras organizaciones no hubieran sido legalizadas!

¡La derrota del ejército racista en Cuito Cuanavale hizo posible que hoy esté aquí!

¡Cuito Cuanavale marca un hito en la historia de la lucha por la liberación del África austral!

¡Cuito Cuanavale marca un punto álgido en la lucha por librar al continente y a nuestro país del azote del apartheid!

El más grande y profundo tributo rendido jamás a nuestros combatientes internacionalistas

FIDEL CASTRO

[. . .] ESTARÍA MAL POR PARTE NUESTRA resaltar la modesta contribución de Cuba a la causa de los pueblos, pero escuchando el discurso de Mandela pienso, compañeras y compañeros, que es el más grande y el más profundo tributo que se les ha rendido jamás a nuestros combatientes internacionalistas. Pienso que sus palabras han de quedar como escritas en letras de oro en homenaje de nuestros combatientes. Él fue generoso, muy generoso; él recordó la epopeya de nuestro pueblo en África, allí donde se manifestó todo el espíritu de esta revolución, todo su heroísmo y toda su firmeza.

¡Quince años estuvimos en Angola! Cientos y cientos de miles de cubanos pasaron por allí y otros muchos miles pasaron por otros países, era la época en que el imperialismo daba cualquier cosa con tal de que Cuba se retirara de Angola y cesara en su solidaridad con los pueblos de África; pero nuestra firmeza fue mayor que todas las presiones y fue mayor que cualquier beneficio que nuestro país pudiera sacar si hubiese cedido a las exigencias imperialistas, si es que real-

Estos son fragmentos del discurso pronunciado por Castro en Matanzas, Cuba, el 26 de julio de 1991, inmediatamente después de las palabras de Nelson Mandela, que en parte aparecen en las páginas anteriores. El discurso se publica íntegro en *¡Qué lejos hemos llegado los esclavos!*

mente puede haber alguna vez beneficio en el abandono de los principios y en la traición.

Estamos orgullosos de nuestra conducta, y de Angola regresaron victoriosas nuestras tropas, pero ¿quién lo ha dicho como lo dijo él? ¿Quién lo ha expresado con esa honestidad, con esa elocuencia? Lo que nosotros no hemos dicho porque nos lo impide la elemental modestia, lo ha expresado él aquí con infinita generosidad, recordando que nuestros combatientes hicieron posible mantener la integridad y alcanzar la paz en la hermana República de Angola; que nuestros combatientes contribuyeron a la existencia de una Namibia independiente. Él añade que nuestros combatientes contribuyeron a la lucha del pueblo de Sudáfrica y del ANC. Él ha dicho que la batalla de Cuito Cuanavale cambió la correlación de fuerzas y abrió posibilidades nuevas.

No éramos ajenos a la importancia del esfuerzo que allí realizábamos desde 1975 hasta la última hazaña, que fue aceptar el desafío de Cuito Cuanavale —a más distancia que la que hay entre La Habana y Moscú, adonde puede llegarse en 13 horas de vuelo sin incluir las escalas—. Para llegar a Luanda desde La Habana hacen falta de 14 a 15 horas de vuelo, y Cuito Cuanavale estaba allá en un rincón de Angola —en dirección sureste— a más de mil kilómetros de Luanda. Allí nuestro país tuvo que aceptar el reto.

Como les contaba el compañero Mandela, en esa acción la revolución se jugó todo, se jugó su propia existencia, se arriesgó a una batalla en gran escala contra una de las potencias más fuertes de las ubicadas en la zona del tercer mundo, contra una de las potencias más ricas con un importante desarrollo industrial y tecnológico, armada hasta los dientes; a esa distancia de nuestro pequeño país y con nuestros recursos, con nuestras armas. Incluso corrimos el riesgo de debilitar nuestras defensas, y debilitamos nuestras defensas. Utiliza-

mos nuestros barcos, única y exclusivamente nuestros barcos
y nuestros medios para cambiar esa correlación de fuerzas
que hiciera posible el éxito de los combates; porque a tanta
distancia no sé si se libró alguna vez alguna guerra entre un
país tan pequeño y una potencia como la que poseían los ra-
cistas sudafricanos.

Todo nos lo jugamos en aquella acción, y no fue la única
vez; creo que nos jugamos mucho, mucho, mucho también,
cuando en 1975 enviamos nuestras tropas a raíz de la invasión sudafricana a Angola.

Allí estuvimos 15 años, repito. Tal vez no habría hecho falta
tanto tiempo, de acuerdo con nuestro pensamiento, porque
de acuerdo con nuestro pensamiento aquel problema lo que
había era que resolverlo y, sencillamente, prohibirle a Sudáfrica las invasiones a Angola. Esa era nuestra concepción estratégica: si queremos que haya paz en Angola, si queremos
que haya seguridad en Angola, hay que prohibirles a los sudafricanos que hagan invasiones a Angola. Y si queremos im-
pedirles a los sudafricanos, prohibirles que hagan invasiones,
hay que reunir las fuerzas y los medios necesarios para im-
pedírselo. Nosotros no teníamos todos los medios, pero esa
era nuestra concepción.

La situación verdaderamente crítica se creó en Cuito Cuanavale, donde no había cubanos porque la unidad cubana más
próxima estaba a 200 kilómetros al oeste, lo cual nos llevó a
la decisión de emplear los hombres y los medios que hicieran
falta —por nuestra cuenta y nuestro riesgo—, enviar lo que
hiciera falta aunque fuese necesario sacarlo de aquí.

Cuito Cuanavale es el lugar que se hizo histórico, pero las
operaciones se extendieron a lo largo de toda una línea de
cientos de kilómetros y se derivó de ellas un movimiento
hacia el suroeste de Angola de gran importancia estratégica. Todo eso se simboliza con el nombre de Cuito Cuanava-

le, que fue donde empezó la crisis; pero alrededor de 40 mil soldados cubanos y angolanos con más de 500 tanques, cientos de cañones y alrededor de mil armas antiaéreas —en su inmensa mayoría armas antiaéreas nuestras que sacamos de aquí— avanzaron en dirección a Namibia, apoyados por nuestra aviación y un aeropuerto de avanzada construido en cuestión de semanas.

No voy a hablar aquí de pormenores y detalles de los combates, estrategias y tácticas, eso lo dejaremos a la historia. Pero íbamos decididos a resolver el problema por nuestra cuenta y riesgo, unidos a los angolanos; íbamos decididos a poner fin de una vez y por todas a las invasiones a Angola. Los hechos resultaron tal como los preveíamos —y nosotros no queremos ofender a nadie, no queremos humillar a nadie—, porque cuando se creó esa correlación de fuerzas, esa nueva correlación de fuerzas (y en nuestras manos había una invencible tropa, una invencible e incontenible tropa), se crearon las condiciones para las negociaciones en las cuales participamos durante meses.

Allí hubieran podido tener lugar grandes batallas, pero era mejor ante la nueva situación resolver en la mesa de negociaciones el problema del respeto a la integridad de Angola y la independencia de Namibia. Nosotros sabíamos, ¡cómo íbamos a ignorarlo!, que aquellos acontecimientos habrían de influir profundamente en la propia vida de África del Sur, y era una de las razones, una de las motivaciones, uno de los grandes estímulos que nos impulsaban. Porque sabíamos que al resolver el problema allí en Angola las fuerzas que luchaban contra el apartheid recibirían también los beneficios de nuestras luchas.

¿Lo hemos dicho así alguna vez? No, nunca. Y tal vez no lo habríamos dicho nunca, porque pensamos que, en primer término, los éxitos que ha obtenido el ANC se deben, por encima de cualquier solidaridad internacional, por encima del enorme apoyo externo —de opinión pública en algunos casos, de acciones armadas en el caso nuestro— en lo determinante y en lo decisivo al heroísmo, al espíritu de sacrificio y de lucha del pueblo sudafricano dirigido por el ANC.

Este hombre, en estos tiempos de cobardía y de tantas cosas, ha venido a decirnos esto que nos ha dicho en la tarde de hoy. Es algo que no podrá olvidarse jamás y que nos da la dimensión humana, moral y revolucionaria de Nelson Mandela.

Glosario de individuos, organizaciones y sucesos

Abreu, Gerardo (*Fontán*) (1931–1958) – Trabajador, llegó a dirigente de la Juventud Ortodoxa. Jefe de las Brigadas Juveniles del Movimiento 26 de Julio en La Habana desde 1956. Dirigente de la clandestinidad urbana del movimiento durante la guerra revolucionaria. Arrestado, torturado y asesinado por la dictadura en febrero de 1958.

Acevedo, Enrique (n. 1942) – Se integró al Ejército Rebelde en julio de 1957 a los 14 años. Luego fue asignado a la Columna 8 de Che Guevara. Cumplió misión en Angola en 1977 y en 1987–88 comandó una brigada de tanques. General de brigada de las fuerzas armadas de Cuba.

Agramonte, Ignacio (1841–1873) – Mayor general en el Ejército Libertador, basado en la provincia de Camagüey, durante la primera guerra independentista cubana contra España. Cayó en combate.

Aldana, Carlos (n. 1942) – Se integró al Movimiento 26 de Julio a los 14 años. Estuvo en el Ejército Rebelde. Miembro del Comité Central del Partido Comunista, 1980–92, se desempeñó en el Buró Político y el Secretariado. Encabezó el equipo negociador de Cuba que concertó con Pretoria y Washington en 1988 el fin de la guerra de Angola. Sancionado y destituido de toda responsabilidad en 1992.

Almeida Bosque, Juan (n. 1927) – Albañil, miembro del Partido

Ortodoxo en La Habana al momento del golpe de estado de Batista en 1952. Fue reclutado por el movimiento dirigido por Fidel Castro y participó en el ataque al cuartel Moncada en 1953.
Condenado a 10 años de prisión. Fue excarcelado en mayo de
1955 junto a otros presos moncadistas tras una exitosa campaña nacional de amnistía. Participó en la expedición del *Granma* de noviembre–diciembre de 1956. En febrero de 1958 fue
ascendido a comandante y encabezó el Tercer Frente Oriental.
Desde 1959, las responsabilidades de Almeida han incluido
jefe de la fuerza aérea, viceministro de las Fuerzas Armadas
Revolucionarias y vicepresidente del Consejo de Estado. Uno
de los tres combatientes de la sierra que han recibido el grado
de Comandante de la Revolución. Miembro del Comité Central
y del Buró Político del Partido Comunista desde su fundación
en 1965. Es Héroe de la República de Cuba y presidente de la
Asociación de Combatientes de la Revolución Cubana.

Asociación de Combatientes de la Revolución Cubana
(ACRC) – Fundada en 1993, organización de combatientes del
Ejército Rebelde, de la lucha clandestina urbana, Playa Girón,
Lucha Contra Bandidos y de las misiones internacionalistas
cubanas, tanto militares como civiles. Está compuesta por
más de 300 mil miembros, quienes transmiten la historia y las
lecciones de la revolución a las jóvenes generaciones.

Barredo, Lázaro (n. 1948) – Destacado periodista y escritor
cubano. Ha sido vicepresidente de la Unión de Periodistas
de Cuba, y miembro del Comité Ejecutivo de la Federación
de Periodistas Latinoamericanos. Diputado y vicepresidente
de la Comisión de Relaciones Internacionales de la Asamblea
Nacional de Cuba.

Batista, Fulgencio (1901–1973) – Ex sargento del ejército, ayudó
a dirigir la sublevación de los sargentos en septiembre de 1933,
un golpe militar dado por suboficiales tras el levantamiento
popular que semanas antes había derrocado a la dictadura de

Gerardo Machado. Fue ascendido a coronel y jefe del estado mayor. Organizó un segundo golpe en enero de 1934, desatando la represión contra trabajadores, campesinos y fuerzas revolucionarias. Tras dominar varios gobiernos como jefe del ejército, fue electo presidente en 1940. No se postuló para la reelección en 1944, pero retuvo una base de apoyo entre la oficialidad. Encabezó el golpe de estado el 10 de marzo de 1952, estableciendo una brutal dictadura militar. Fue derrocado por el avance del Ejército Rebelde y el levantamiento popular. Huyó a República Dominicana el primero de enero de 1959.

Bolívar, Simón (1783–1830) – Conocido como El Libertador. Patriota latinoamericano, nacido en Caracas. Dirigió una serie de rebeliones armadas, 1810–24, que ayudaron a que gran parte de América Latina conquistara su independencia de España.

Bordón, Víctor (n. 1930) – Miembro de la Juventud Ortodoxa y posteriormente del Movimiento 26 de Julio en Las Villas. Formó unidad guerrillera del Movimiento 26 de Julio en Las Villas a finales de 1956, que en octubre de 1958 se integró al frente dirigido por Che Guevara. Obtuvo el grado de comandante. Posteriormente desempeñó cargos de dirección nacional en Matanzas para el Ministerio de Construcción. Director del Grupo Empresarial Cometal.

Bu, José – Oficial del ejército independentista cubano nacido en China, se desempeñó al lado del general Máximo Gómez. Peleó en las guerras independentistas cubanas, 1868–98, y alcanzó el grado de teniente coronel.

Cabral, Amílcar (1924–1973) – Fundador y dirigente central del Partido Africano de la Independencia de Guinea-Bissau y Cabo Verde, 1956. En 1963 el PAIGC se alzó en armas contra el régimen colonial portugués, conquistando la independencia de Guinea-Bissau en 1974 y de Cabo Verde en 1975. Cabral fue asesinado en enero de 1973.

Carreras, Jesús (m. 1961) – Un dirigente del Segundo Frente
Nacional del Escambray. Se sumó a las bandas contrarrevolucionarias armadas del Escambray después de la victoria de
la revolución. Capturado, enjuiciado y ejecutado.

Carrión Ramírez, Miriam (n. 1945) – Científica agrícola e in-
vestigadora en el Instituto de Investigaciones Fundamentales
en Agricultura Tropical (INIFAT) en La Habana. Fundadora
del proyecto de agricultura a pequeña escala en Venezuela.
Allí dirige el Proyecto FAO y está al frente del grupo de cola-
boradores cubanos.

Castillo, Bárbara (n. 1946) – Ministra de comercio interior de
Cuba. Miembro del Comité Central del Partido Comunista de
Cuba desde 1991.

Castro, Fidel (n. 1926) – Dirigente estudiantil en la Universidad de La Habana desde 1945. Uno de los principales orga-
nizadores de la juventud del Partido Ortodoxo tras la fundación del partido en 1947. Candidato del Partido Ortodoxo
para la Cámara de Representantes en las elecciones de 1952,
que fueron canceladas tras el golpe de estado dado por Batista el 10 de marzo. Organizó y dirigió un movimiento revolucionario contra la dictadura batistiana, el cual llevó a
cabo el asalto a los cuarteles Moncada en Santiago de Cuba y
Carlos Manuel de Céspedes en Bayamo el 26 de julio de 1953.
Capturado, procesado y condenado a 15 años de prisión. Su
alegato de defensa ante el tribunal, *La historia me absolverá*,
fue distribuido por toda Cuba, pasando a ser el programa
del movimiento revolucionario. Excarcelado en 1955 tras una
campaña nacional de amnistía, dirigió la fundación del Movimiento Revolucionario 26 de Julio. Organizó la expedición
del *Granma* desde México a finales de 1956, comandó el Ejército Rebelde durante la guerra revolucionaria. Tras el triunfo
de la revolución, Fidel Castro fue primer ministro de Cuba
desde febrero de 1959 hasta 1976. Es presidente del Consejo

de Estado y del Consejo de Ministros desde entonces. Comandante en jefe de las Fuerzas Armadas Revolucionarias y,
desde la fundación en 1965 del Partido Comunista de Cuba,
su primer secretario.

Castro, Raúl (n. 1931) – Organizador de protestas estudiantiles
en la Universidad de La Habana contra la dictadura batistiana,
participó en el ataque al cuartel Moncada en 1953. Fue capturado y condenado a 13 años de prisión. Excarcelado en mayo
de 1955 luego de una campaña nacional de amnistía. Miembro
fundador del Movimiento 26 de Julio, formó parte de la expedición del *Granma* en 1956. Fue ascendido a comandante en
el Ejército Rebelde en febrero de 1958 y encabezó el Segundo
Frente Oriental. Desde octubre de 1959 ha sido ministro de las
Fuerzas Armadas Revolucionarias. Es General de Ejército, el
segundo oficial de más alto grado de las FAR después del comandante en jefe Fidel Castro. Fue viceprimer ministro desde
1959 hasta 1976, cuando pasó a ser primer vicepresidente del
Consejo de Estado y del Consejo de Ministros. Desde 1965 es
segundo secretario del Partido Comunista de Cuba.

Chávez, Hugo (n. 1954) – Teniente coronel del ejército venezolano, encabezó un fallido golpe militar en 1992 y estuvo en-
carcelado por dos años. Organizó un nuevo partido político,
el Movimiento Quinta República. Fue electo presidente de
Venezuela en 1998, y reelecto en 2000. Ha utilizado ingresos
de las ventas de petróleo para financiar numerosos programas sociales que han captado el apoyo de trabajadores, campesinos y jóvenes. Cantidades sustanciales de estas fuerzas
populares se han movilizado repetidas veces para bloquear
los intentos de poderosos sectores de la burguesía venezolana con respaldo del gobierno norteamericano para derrocar
a su gobierno.

Chiang Kai-shek (1887–1975) – Dirigente del partido burgués
Kuomintang (Nacionalista) en China desde 1925. Encabezó

la masacre de trabajadores que impuso un fin sangriento a la segunda revolución china, 1925–27. Desde 1927 encabezó la dictadura, derrocado en 1949 por la Revolución China. Subsecuentemente dictador del régimen respaldado por Washington en Taiwan.

Chibás, Eduardo (1907–1951) – Dirigente del Directorio Estudiantil en la lucha contra la dictadura machadista en las décadas de 1920 y 1930. Miembro del Partido Auténtico. En 1947 fue dirigente fundador del oposicionista Partido Ortodoxo, con gran arraigo en el pueblo. Electo senador en 1950. El 5 de agosto de 1951, en un acto de protesta contra la corrupción gubernamental, se dio un tiro al finalizar un discurso radial; murió días después.

Chomón, Faure (n. 1929) – Dirigente del Directorio Revolucionario y sobreviviente del ataque al Palacio Presidencial el 13 de marzo de 1957. En febrero de 1958 organizó una expedición que estableció un frente guerrillero en la sierra del Escambray. Formó parte del frente de Las Villas al mando de Che Guevara después de octubre de 1958. Miembro del Comité Central del Partido Comunista desde 1965, ha sido embajador de Cuba ante la Unión Soviética, Vietnam y Ecuador. Desde 1976 diputado de la Asamblea Nacional del Poder Popular.

Cienfuegos, Camilo (1932–1959) – Expedicionario del *Granma*, 1956. Capitán en la Columna 4 del Ejército Rebelde dirigida por Che Guevara, ascendido a comandante en 1958. Desde agosto a octubre de 1958, dirigió la Columna 2 "Antonio Maceo" desde la Sierra Maestra hacia occidente con rumbo a Pinar del Río. Realizó operativos en el norte de Las Villas hasta el final de la guerra. En enero de 1959 pasó a ser jefe del estado mayor del Ejército Rebelde. Desapareció al perderse su avión en el mar mientras retornaba a La Habana el 28 de octubre de 1959.

Cintra Frías, Leopoldo ("Polo", "Polito") (n. 1941) – Proveniente de familia campesina de cerca de Yara, se incorporó al Ejército Rebelde en noviembre de 1957. Terminó la guerra como teniente. Fue voluntario para misiones internacionalistas en Angola y Etiopía en la década del 70. Encabezó la misión militar cubana en Angola, 1983–86 y 1989. Héroe de la República de Cuba. Actualmente es general de cuerpo de ejército y jefe del Ejército Occidental en las FAR y miembro del Buró Político del Partido Comunista de Cuba.

Colomé, Abelardo (n. 1939) – Se integró al Ejército Rebelde en marzo de 1957, alcanzando el grado de comandante. En 1962–64 fue como voluntario en misión internacionalista a Argentina y Bolivia para preparar y apoyar el frente guerrillero en Argentina dirigido por Jorge Ricardo Masetti. Encabezó la misión cubana en Angola, 1975–76. Miembro del Comité Central y del Buró Político del Partido Comunista de Cuba, y vicepresidente del Consejo de Estado. Ministro del interior desde 1989. Ostenta el grado de general de cuerpo de ejército.

Cuevas, Andrés (1936–1975) – Trabajador del pueblo de Camajuaní en Las Villas. Se incorporó al Ejército Rebelde a comienzos de 1957, llegando a capitán. Cayó en la batalla de El Jigüe el 19 de julio de 1958. Fue ascendido póstumamente a comandante.

Curita, El. *Ver* Sergio González

Díaz Argüelles, Raúl (1936–1975) – Miembro del Directorio Revolucionario en La Habana, se incorporó a una columna guerrillera del directorio en el Escambray en 1958; llegó a ser comandante del Ejército Rebelde. A principios de los 70 encabezó la Décima Dirección de las Fuerzas Armadas Revolucionarias, la cual supervisó la ayuda a las misiones militares internacionalistas de Cuba. Primer jefe de la misión militar en Angola en 1975. Muerto a causa de una mina terrestre, diciembre de 1975. Ascendido de manera póstuma a general de brigada.

Directorio Revolucionario 13 de marzo – Constituido en 1955 por José Antonio Echeverría y otros dirigentes de la Federación Estudiantil Universitaria. Sus cuadros organizaron el asalto al Palacio Presidencial y a Radio Reloj el 13 de marzo de 1957, en el que cayeron varios de sus dirigentes centrales, entre ellos Echeverría. Agregando "13 de Marzo" a su nombre, el Directorio organizó una columna guerrillera en febrero de 1958 en la sierra del Escambray en Las Villas, dirigida por Faure Chomón, la cual subsecuentemente formó parte del frente al mando de Che Guevara. Se fusionó en 1961 con el Movimiento 26 de Julio y el PSP.

Dreke, Víctor (n. 1937) – Miembro del Movimiento 26 de Julio en Sagua La Grande, Las Villas; se unió a la columna del Directorio Revolucionario que coordinó sus acciones con la columna de Che Guevara del Ejército Rebelde a partir de octubre de 1958. Comandó en la sierra del Escambray las fuerzas encargadas de liquidar allí a las bandas contrarrevolucionarias, 1960–65. En 1965 fue el segundo al mando, después de Guevara, de la columna voluntaria cubana en el Congo. En 1966–68 dirigió internacionalistas cubanos que ayudaron a las fuerzas de liberación nacional en Guinea-Bissau. Luego encabezó la Dirección Política de las FAR. Retirado en 1990 del servicio militar activo con el grado de coronel. Ha sostenido cargos de gran responsabilidad en las relaciones de Cuba con África, entre ellos, desde 2003, el de embajador ante Guinea Ecuatorial.

Ejército Juvenil del Trabajo (EJT) – Parte de las Fuerzas Armadas Revolucionarias de Cuba, compuesto de destacamentos de jóvenes que llevan a cabo labores agrícolas, de construcción y de otra índole, a la vez que se adiestran militarmente. Los miembros reciben la paga correspondiente al tipo de trabajo que realizan.

Esclavitud en Cuba – Llevados por primera vez a Cuba en 1517

por la corona española, los esclavos fueron la fuente primaria
de la mano de obra en la industria azucarera, constituyendo
más de un tercio de la población de la isla para la década de
1840. Diversos tratados internacionales que prohibieron la trata de esclavos a partir de 1817 —a la vez que la industria azucarera se extendía— resultaron en una gran escasez crónica
de mano de obra, que España intentó aliviar llevando también
trabajadores chinos en servidumbre por contrata. Tras iniciar-
se en 1868 las guerras cubanas para independizarse de España, la República en Armas declaró la abolición de la esclavitud
y otras formas de servidumbre por contrata, incorporando al
ejército independentista a todos los que querían luchar por
la causa. En 1870 España decretó la eliminación gradual de la
esclavitud. En 1880 la corona declaró que todos los esclavos
restantes permanecerían en servidumbre, bajo el sistema de
"patronato". El 7 de octubre de 1886, los restantes 25 mil "pa-
trocinados" fueron declarados emancipados.

Espín, Vilma (n. 1930) – Miembro fundadora del Movimiento
26 de Julio en Santiago de Cuba. Estrecha colaboradora de
Frank País, ayudó a organizar el levantamiento del 30 de noviembre de 1956, y fue después coordinadora del Movimiento
26 de Julio en la provincia de Oriente. Se incorporó al Ejército Rebelde en julio de 1958, integrando el Segundo Frente
Oriental. Presidenta de la Federación de Mujeres Cubanas
desde 1960. Miembro del Comité Central del Partido Comunista desde 1965 y de su Buró Político, 1980–91. Miembro del
Consejo de Estado desde 1976.

Espinosa, Ramón (n. 1938) – Miembro del Movimiento 26 de
Julio que se integró en 1958 a una columna guerrillera del
Directorio Revolucionario en el Escambray, terminando la
guerra como primer teniente. Cumplió misión en Angola,
1975–76, donde resultó seriamente herido por una mina antitanque. Encabezó la misión militar cubana en Etiopía, 1980–

82. Desde 1983 ha sido jefe del Ejército Oriental. Miembro del Comité Central del Partido Comunista desde 1980; del Buró Político desde 1991. Ostenta el grado de general de cuerpo de ejército.

Fontán. *Ver* Gerardo Abreu

García, Guillermo (n. 1928) – Campesino de la Sierra Maestra, fue miembro de una célula del Movimiento 26 de Julio. En diciembre de 1956 ayudó a organizar el reagrupamiento de las fuerzas rebeldes. Desde comienzos de 1957 combatiente de la Columna 1 dirigida por Fidel Castro. Ascendido a finales de 1958 a comandante en el Tercer Frente Oriental dirigido por Juan Almeida. Miembro del Comité Central del Partido Comunista desde 1965, del Buró Político, 1965–86. Ministro del transporte, 1974–85. Es uno de los tres combatientes de la Sierra Maestra que ostentan el grado de Comandante de la Revolución.

Gómez, Máximo (1836–1905) – Nacido en República Dominicana, luchó en la guerra independentista en Cuba, 1868–78. Mayor general del Ejército Libertador al final del conflicto. Al reanudarse la guerra en 1895, retornó a Cuba como general en jefe del ejército independentista cubano.

González, Sergio (*El Curita*) (1922–1958) – Dirigente sindical de trabajadores de tranvías y choferes de autobuses a finales de los años 40, se unió al Partido Ortodoxo. En 1955 fue miembro fundador del Movimiento 26 de Julio. Durante la guerra revolucionaria ayudó a dirigir el trabajo clandestino urbano en La Habana, manejando la imprenta utilizada por el Movimiento. Ex seminarista, lo apodaron "El Curita". Asesinado en marzo de 1958 por la dictadura de Batista.

Guerras independentistas cubanas – Desde 1868 hasta 1898 los cubanos libraron tres guerras por su independencia de España. La Guerra de los Diez Años, 1868–78; la Guerra Chiquita, 1879–80; y la guerra de 1895–98, que llevó al fin del

dominio español. El gobierno norteamericano ocupó Cuba
inmediatamente después de la derrota de España.

Guevara, Ernesto Che (1928–1967) – Dirigente de la Revolución Cubana nacido en Argentina. Médico en la expedición
del *Granma*. Primer combatiente ascendido a comandante en
la guerra revolucionaria. En 1958 dirigió una columna del
Ejército Rebelde desde Oriente hasta la sierra del Escambray;
unificó a los grupos revolucionarios en la provincia de Las
Villas y los condujo en la campaña que culminó en la toma de
su capital, Santa Clara. Tras el triunfo de 1959, además de sus
tareas militares, desempeñó responsabilidades, incluidas ti-
tular del Banco Nacional y ministro de industrias. A menudo
representó a la dirección revolucionaria a nivel internacional.
Desde abril de 1965 dirigió la columna cubana que combatió
junto a las fuerzas antiimperialistas en el Congo. A finales de
1966 encabezó un destacamento de voluntarios internacionalistas en Bolivia. Herido y capturado por el ejército boliviano
en un operativo organizado por la CIA el 8 de octubre de 1967.
Fue asesinado al día siguiente.

Herrera, Osvaldo (1933–1958) – Dirigente estudiantil en Santa
Clara durante la lucha contra Batista, estuvo activo posterior-
mente en la Universidad de La Habana. Capitán en el Ejército
Rebelde, fue ayudante del comandante Camilo Cienfuegos.
Enviado a Holguín en junio de 1958, para reorganizar la direc-
ción de la clandestinidad urbana del Movimiento 26 de Julio.
Tomado preso, se suicidó en vez de dar información.

Huelga general del 9 de abril, intento de – El 9 de abril de
1958, el Movimiento 26 de Julio convocó a una huelga general
por toda Cuba en un intento de derrocar a la dictadura. Anun-
ciada sin la debida preparación, la acción fracasó. Las fuerzas
batistianas respondieron tanto arreciando la represión, como
lanzando una ofensiva mayor contra las posiciones del Ejército Rebelde en la Sierra Maestra.

Jordan, Thomas (1819–1895) – General en el Ejército Confederado durante la Guerra Civil norteamericana. En 1869, como partidario del movimiento independentista cubano, encabezó una expedición de 300 hombres que desembarcó en Cuba. Llegó a ser general del Ejército Libertador y jefe del estado mayor. Después volvió a Estados Unidos.

Kuomintang (Partido Nacionalista). *Ver* Chiang Kai-shek

Lage, Carlos (n. 1951) – Vicepresidente del Consejo de Estado de Cuba y secretario del Comité Ejecutivo del Consejo de Ministros desde 1992. Miembro del Comité Central del Partido Comunista desde 1980, y de su Buró Político. Un doctor, encabezó el Contingente Médico Cubano en Etiopía a mediados de los 80. Trabajó en el Equipo de Coordinación y Ayudantía de Fidel Castro.

Lazo, Esteban (n. 1944) – Trabajador agrícola de Matanzas, se sumó a la Asociación de Jóvenes Rebeldes después de la victoria de 1959. Fue primer secretario del Partido Comunista en la provincia de Ciudad de La Habana, 1994–2003. Vicepresidente del Consejo de Estado desde 1992. Miembro del Comité Central y del Buró Político del partido, y atiende su esfera ideológica desde 2003.

Leyva, Enio (n. 1936) – Dirigente de las Brigadas Juveniles del Movimiento 26 de Julio a mediados de los 50. En 1956 pasó a dirigir acción y sabotaje en La Habana. Fue a México en 1956, y estaba designado a ser parte en la expedición del *Granma*, pero fue arrestado por la policía. Activo en apoyo a la lucha revolucionaria desde México. Regresó a Cuba en 1959 y se incorporó a las Fuerzas Armadas Revolucionarias, alcanzando el grado de general de brigada.

López, Antonio "Ñico" (1934–1956) – Dirigente del movimiento juvenil Ortodoxo y luego del movimiento revolucionario previo al Moncada dirigido por Fidel Castro. Participó en el asalto al cuartel de Bayamo el 26 de julio de 1953. Escapó al arresto y vivió exiliado en Guatemala, donde en 1954 conoció a Ernesto Guevara, y ayudó a captarlo al Movimiento 26 de Julio. En 1955–56 era miembro de la Dirección Nacional del Movimiento 26 de Julio y encabezó sus Brigadas Juveniles. Participó en la expedición del *Granma* en diciembre de 1956. Capturado y asesinado por el ejército poco después del desembarco.

López Cuba, Néstor (1938–1999) – Proveniente de familia campesina cerca de Holguín, se unió al Movimiento 26 de Julio en 1957 y al Ejército Rebelde en mayo de 1958. Herido mientras dirigía un contingente de tanques en Playa Girón. Cumplió misiones internacionalistas en Siria en 1973 y en Angola en 1975–76. Después de 1979 encabezó la misión militar cubana a Nicaragua durante la guerra para combatir a las fuerzas contrarrevolucionarias respaldadas por Washington. Al momento de su muerte era general de división de las FAR, miembro del Comité Central del Partido Comunista, y jefe ejecutivo de la Asociación de Combatientes de la Revolución Cubana.

Maceo, Antonio (1845–1896) – Dirigente y estratega militar en las guerras independentistas cubanas contra España en el siglo XIX. Conocido popularmente en Cuba como el Titán de Bronce, dirigió la invasión de occidente de 1895–96, que partió desde Oriente y culminó en la provincia de Pinar del Río. Al concluir la primera guerra en 1878, se convirtió en símbolo de la intransigencia revolucionaria al rehusar deponer las armas en una acción que se llegó a conocer como la Protesta de Baraguá. Cayó en combate.

Machado, Gerardo (1871–1939) – Encabezó una brutal dictadura, 1927–33. Electo presidente de Cuba en 1924. Extendió su cargo a la fuerza en 1927, desatando protestas por toda Cuba, las cuales fueron salvajemente reprimidas. En agosto de 1933, un levantamiento revolucionario tumbó a la dictadura respaldada por Estados Unidos y Machado salió al exilio.

Mambí – Combatientes en las tres guerras independentistas cubanas contra España entre 1868 y 1898. Muchos eran esclavos libertos y otros ex trabajadores en servidumbre. El término "mambí" se originó en la década de 1840 durante la lucha independentista contra España en la vecina Santo Domingo. Luego que un oficial negro del ejército español, de nombre Juan Ethninius Mamby, se uniera a los luchadores independentistas allí, las fuerzas españolas comenzaron a referirse a la guerrilla de forma despectiva como "mambíes". Posteriormente, el término "mambises" se aplicó a los luchadores libertarios en Cuba, quienes lo adoptaron como símbolo de honor.

Mandela, Nelson (n. 1918) – Fundador de la lucha antiapartheid y del Congreso Nacional Africano (ANC) en Sudáfrica. Fundador en 1944 de la Liga Juvenil del ANC, y en 1961 de su brazo armado. Fue arrestado en 1962 y mantenido preso hasta 1990. Liberado en medio del avance de la lucha revolucionaria, la cual recibió un gran impulso con la derrota del ejército del apartheid en Angola en 1988. Electo presidente de Sudáfrica en las primeras elecciones post-apartheid del país en 1994, ejerció el cargo hasta 1999.

Marcano, Luis (1831–1870) – Nacido en República Dominicana, llegó a ser general en el ejército independentista cubano. Cayó en combate.

March, Aleida (n. 1934) – Miembro de la clandestinidad urbana del Movimiento 26 de Julio en Las Villas. A finales de 1958, fue a la sierra del Escambray. Se sumó a la Columna 8 del Ejército Rebelde. Viuda de Che Guevara.

Márquez, Juan Manuel (1915–1956) – Preso en la década de 1930 por oponerse a la dictadura de Machado. Dirigente fundador del Partido Ortodoxo en 1947 y de su ala izquierda. Se unió al Movimiento 26 de Julio en 1955. Segundo al mando en la expedición del *Granma*. Capturado días después del desembarco y asesinado.

Martí, José (1853–1895) – Héroe nacional de Cuba. Destacado revolucionario, poeta, escritor, orador y periodista. En 1892 fundó el Partido Revolucionario Cubano para combatir el dominio colonial español y oponerse a los designios de Washington sobre Cuba. Organizó y planificó la guerra independentista de 1895. Cayó en combate en Dos Ríos, provincia de Oriente. Su programa antiimperialista y sus escritos más amplios son parte central de las tradiciones internacionalistas y del legado político revolucionario de Cuba.

Martínez Gil, Pascual (n. 1943) – Miembro del Movimiento 26 de Julio durante la lucha contra Batista. Encabezó las Tropas Especiales del Ministerio del Interior en Angola, 1975. Miembro del Comité Central del Partido Comunista de Cuba, 1980–89; viceministro del interior 1980–89; general de división. Fue arrestado bajo cargos de abuso de autoridad y uso indebido de fondos y recursos gubernamentales; sentenciado a 12 años de cárcel.

Martínez Hierrezuelo, Miguel Mariano – Destacado combatiente de la lucha clandestina del Movimiento 26 de Julio en Santiago de Cuba. Participó en el levantamiento de apoyo al desembarco del *Granma* el 30 de noviembre de 1956. Combatiente en la Columna 1 del Ejército Rebelde al mando de Fidel Castro, y posteriormente en el Tercer Frente al mando de Juan Almeida.

Masetti, Jorge Ricardo (1929–1964) – Periodista argentino que viajó a la Sierra Maestra en enero de 1958 y fue captado a la causa rebelde. Fundó el servicio cubano de noticias Prensa Latina después de 1959. Murió mientras dirigía un grupo guerrillero en el norte de Argentina.

Mella, Julio Antonio (1903–1929) – Presidente fundador de la Federación Estudiantil Universitaria y dirigente del movimiento por la reforma universitaria en Cuba en 1923. Dirigente fundador del Partido Comunista de Cuba en 1925. Arrestado por la policía de Machado en 1926, escapó a México, donde continuó el trabajo organizativo contra la dictadura. Se unió a las campañas internacionales para defender a Sacco y Vanzetti, Augusto César Sandino y otros más. Asediado por agentes machadistas, fue asesinado en Ciudad de México en enero de 1929.

Milicias de Tropas Territoriales – Milicia voluntaria nacional organizada en 1980 para ayudar en la defensa de Cuba contra las amenazas de ataques imperialistas. Compuesto de 1.5 millones de trabajadores, agricultores, estudiantes, y amas de casa, que se entrenan durante su propio tiempo y ayudan a financiar los gastos.

Moncada, asalto al cuartel – El 26 de julio de 1953, unos 160 revolucionarios al mando de Fidel Castro lanzaron un ataque insurreccional contra el cuartel Moncada en Santiago de Cuba, y un ataque simultáneo contra el cuartel en Bayamo, dando inicio a la lucha armada revolucionaria contra la dictadura batistiana. Tras fracasar el ataque, las fuerzas de Batista masacraron a más de 50 revolucionarios capturados. Fidel Castro y otros 27, entre ellos Raúl Castro y Juan Almeida, fueron procesados y condenados hasta 15 años de cárcel. Fueron amnistiados el 15 de mayo de 1955, tras una amplia campaña nacional que exigió su libertad.

Moracén, Rafael (n. 1939) – Se integró al Ejército Rebelde en 1958. Cumplió misiones internacionalistas en Congo-Brazzaville, 1965–67; Siria, 1973; Angola, 1975–82. Ostenta el grado de general de brigada y Héroe de la República de Cuba. Jefe de relaciones internacionales de la Asociación de Combatientes de la Revolución Cubana.

Movimiento Revolucionario 26 de Julio – Fundado en junio de 1955 por Fidel Castro y otros participantes en el asalto al Moncada, junto a jóvenes activistas del ala izquierda del Partido Ortodoxo y otras fuerzas, entre ellas Acción Nacional Revolucionaria, dirigida por Frank País en Santiago de Cuba, y los cuadros del Movimiento Nacional Revolucionario Armando Hart y Faustino Pérez en La Habana. Durante la guerra revolucionaria estuvo integrado por el Ejército Rebelde en las montañas (*sierra*) y la red clandestina en las ciudades y el campo (*llano*). En mayo de 1958, la dirección nacional fue trasladada de La Habana y Santiago a la Sierra Maestra, bajo el mando directo de Fidel Castro.

Organización Auténtica. *Ver* Partido Auténtico

País, Frank (1934–1957) – Vicepresidente de la Federación Estudiantil Universitaria de Oriente, fue el dirigente central de Acción Nacional Revolucionaria, y luego del Movimiento Nacional Revolucionario. En septiembre de 1955 su organización se unió al Movimiento 26 de Julio, y él pasó a ser su dirigente central en la provincia de Oriente, su coordinador de acción a nivel nacional y jefe de sus milicias urbanas. Asesinado por fuerzas de la dictadura el 30 de julio de 1957.

Pardo Guerra, Ramón (n. 1939) – Se integró al Ejército Rebelde en 1957; estuvo en la Columna 8 al mando de Che Guevara en 1958. Miembro del Comité Central del Partido Comunista 1965–86, y desde 1997. Cumplió misión internacionalista en Angola, 1980. General de división en las fuerzas armadas de Cuba. Jefe del estado mayor nacional de la defensa civil desde 2002.

Partido Auténtico (Partido Revolucionario Cubano) – Partido nacionalista-burgués —conocido popularmente como los auténticos— fundado en 1934, se reclamaba auténtico sucesor del Partido Revolucionario Cubano de José Martí. En el poder, 1944–52, con los presidentes Ramón Grau y Carlos Prío. Componente clave de la oposición burguesa contra Batista, 1952–58. Formó brazo armado conocido como Organización Auténtica. Tras la caída del régimen batistiano, conforme la revolución se profundizó, los principales dirigentes auténticos salieron de Cuba para Estados Unidos, donde se unieron a las fuerzas contrarrevolucionarias.

Partido Socialista Popular (PSP) – Nombre adoptado en 1944 por el Partido Comunista de Cuba. El PSP se opuso a la dictadura de Batista pero rechazó el rumbo político del asalto al Moncada, y el del Movimiento 26 de Julio y del Ejército Rebelde de lanzar la guerra revolucionaria en 1956–57. Cuadros del PSP colaboraron con el Movimiento 26 de Julio en los últimos meses de la lucha para derrocar a la dictadura. Luego de la victoria en 1959, el Movimiento 26 de Julio inició una fusión con el PSP y con el Directorio Revolucionario en 1961, llevando a la fundación del Partido Comunista de Cuba en 1965.

Paz, Ramón (1924–1958) – Miembro del Movimiento 26 de Julio y comandante del Ejército Rebelde en la Columna 1. Cayó en el combate de Providencia el 28 de julio de 1958.

Pérez, Crescencio (1895–1986) – Miembro de una célula del Movimiento 26 de Julio en la Sierra Maestra antes del desembarco del *Granma*. Uno de los primeros campesinos en sumarse al Ejército Rebelde, terminó la guerra como comandante de la Columna 7. Tras el triunfo de la revolución, desempeñó diversas responsabilidades en las Fuerzas Armadas Revolucionarias.

Pérez Jiménez, Marcos (1914–2001) – Dictador militar de Venezuela desde 1952, hasta que fue derrocado por un levantamiento popular en enero de 1958.

Pino Machado, Quintín (1931–1986) – Miembro del Movimiento 26 de Julio en Las Villas durante la guerra revolucionaria. Sus responsabilidades después de 1959 incluyeron la de embajador en Nicaragua, 1959–60, representante ante la Organización de Estados Americanos y viceministro de cultura.

Plácido - Seudónimo literario del poeta Gabriel de la Concepción Valdés (1809–1844). Arrestado por las autoridades coloniales españolas, le fabricaron cargos de ser el cabecilla de una conspiración para lanzar un levantamiento de esclavos. Fue fusilado.

Playa Girón – El 17 de abril de 1961, 1 500 mercenarios cubanos organizados, financiados y desplegados por Washington invadieron Cuba por la Bahía de Cochinos en la costa sur. En menos de 72 horas de combate, los mercenarios fueron derrotados por las milicias, fuerzas armadas y policía revolucionarias de Cuba. El 19 de abril, fueron capturados los últimos invasores en Playa Girón, nombre con el que los cubanos designan la invasión y la batalla.

Quesada, Gonzalo de (1868–1915) – Secretario del Partido Revolucionario de Cuba desde su fundación en 1892. Delegado en Washington de la República en Armas cubana durante la guerra independentista de 1895–98. Posteriormente ayudó a recopilar y publicar las obras completas de José Martí.

Ramos Latour, René (*David*) (1932–1958) – Coordinador de acción nacional del Movimiento 26 de Julio después de la muerte de Frank País, encabezó sus milicias urbanas. Integrado al Ejército Rebelde como comandante en mayo de 1958, cayó en combate el 30 de julio, al final de la ofensiva del ejército batistiano en la Sierra Maestra.

Reeve, Henry (*El Inglesito*) (1850–1876) – Tamborilero en el Ejército de la Unión durante la Guerra Civil de Estados Unidos, fue a Cuba y se unió a las fuerzas independentistas en 1869, inspirado por la lucha de los cubanos contra la esclavitud. Llegó a coronel y fue nombrado comandante del destacamento de Cienfuegos del ejército independentista. Cayó en combate.

República en Armas – Creada por las fuerzas independentistas cubanas en abril de 1869 en la Asamblea de Guáimaro, para dirigir la guerra contra el colonialismo español. El primer presidente fue Carlos Manuel de Céspedes. En 1869 decretó la abolición tanto de la esclavitud como de la servidumbre.

Revolución de 1933 – Levantamiento popular y huelga general revolucionaria que derrocó a la dictadura de Machado el 12 de agosto de 1933. A través de los esfuerzos del embajador de Estados Unidos Sumner Wells, Machado fue remplazado con un gobierno pro imperialista encabezado por Carlos Manuel de Céspedes, hijo del iniciador de la lucha independentista cubana de 1868. El 4 de septiembre el gobierno de Céspedes fue derrocado en un golpe militar dirigido por oficiales subalternos, estudiantes y civiles, al que a veces se refiere como la "sublevación de los sargentos". Se formó un gobierno de coalición conocido como el Gobierno de los Cien Días, que incluyó a dirigentes antiimperialistas como Antonio Guiteras. El nuevo gobierno decretó la jornada de ocho horas y otras medidas contrarias a los intereses imperialistas estadounidenses, incluida la anulación de la Enmienda Platt impuesta por Washington. El 14 de enero de 1934, con respaldo de la embajada norteamericana, Fulgencio Batista, jefe del estado mayor del ejército, dirigió un golpe de estado. En los años posteriores, combinó el soborno de algunos dirigentes antiimperialistas con la represión asesina contra quienes rehusaban someterse.

Revolución portuguesa – En abril 1974, la decadente dictadura militar de Portugal, en el poder desde 1926, fue tumbada en un golpe de estado por altos oficiales desafectos. Un factor clave fue la creciente fuerza de los movimientos de liberación en las colonias portuguesas en África, que ejercían cada vez más presión sobre el régimen y su ejército. La caída de la dictadura desató un ascenso obrero revolucionario que fue desviado por los partidos Comunista y Socialista hacia un apoyo de las fuerzas burguesas, las cuales consolidaron un nuevo régimen para comienzos de 1976. El golpe de estado de 1974 pasó a conocerse como la Revolución de los Claveles, símbolo de la negativa de los soldados a disparar contra las fuerzas populares opuestas a la dictadura.

Rius Rivera, Juan (1848–1924) – Oriundo de Puerto Rico, se unió a la guerra independentista cubana en 1870, sobresaliendo en el combate. Al reanudarse la guerra en 1895, intenta organizar una expedición armada para luchar por la independencia de Puerto Rico. Al no materializarse el plan, dirigió una expedición armada a Cuba y se unió al ejército independentista. Llegó a mayor general.

Rodríguez, René (1931–1990) – Miembro del movimiento revolucionario dirigido por Fidel Castro, 1952–53. Expedicionario del *Granma* en 1956. Estuvo en la Columna 8 al mando de Che Guevara. Cumplió diversas misiones y encabezó el Instituto Cubano de Amistad con los Pueblos. Miembro del Comité Central del Partido Comunista desde 1980 hasta su muerte.

Rodríguez Nodals, Adolfo (n. 1945) – Científico, director general del Instituto de Investigaciones Fundamentales en Agricultura Tropical (INIFAT). Jefe del Grupo Nacional de Agricultura Urbana en Cuba.

Roloff, Carlos (1842–1907) – Nacido en Polonia, viajó a Estados Unidos para luchar en el Ejército de la Unión durante la Guerra Civil. Fue a Cuba en 1865, pasó a ser un combatiente en el ejército independentista cubano en 1868. En la década de 1890 fue presidente del Partido Revolucionario Cubano en Tampa, Florida. Al reanudarse la guerra en 1895, retornó a Cuba y fue mayor general en el Ejército Libertador.

Rosales del Toro, Ulises (n. 1942) – Se incorporó al Ejército Rebelde en 1957, al mando de Juan Almeida. Cumplió misiones internacionalistas en Argelia y Venezuela, 1963–68, y Angola en 1976. Miembro del Comité Central del Partido Comunista de Cuba desde 1975 y de su Buró Político. Anteriormente jefe del estado mayor de las FAR y primer sustituto del ministro de las FAR, con el grado de general de división. Ministro del azúcar desde octubre de 1997.

Salcines, Miguel (n. 1950) – Especialista en riego del Ministerio de Agricultura. Al frente de una UBPC, ha desarrollado en Cuba varios proyectos de agricultura urbana, y en Venezuela ha colaborado en proyectos agrícolas a pequeña escala.

Savimbi, Jonas (1934–2002) – En 1960, se unió a una organización que propugnaba la independencia angolana del régimen portugués. En 1966 fundó la Unión Nacional para la Independencia Total de Angola (UNITA), dirigiéndola hasta que murió en una emboscada. *Ver también* UNITA.

Schueg, Víctor (1936–1998) – Se integró al Ejército Rebelde en 1958, al mando de Raúl Castro. Cumplió misión internacionalista en el Congo, 1965. En Angola, 1975–76, fue jefe de estado mayor de la misión militar cubana. Jefe del Ejército Central, 1987–88. Ostentó el grado de general de brigada en las FAR. Miembro suplente del Comité Central del Partido Comunista de Cuba, 1980–86, miembro pleno, 1986–91.

Segundo Frente Nacional del Escambray – Grupo armado en Las Villas dirigido por Eloy Gutiérrez Menoyo. Se formó en noviembre de 1957 a iniciativa del Directorio Revolucionario, pero fue expulsado del directorio a mediados de 1958 por robar y aterrorizar a los campesinos en el Escambray. Rehusó colaborar con las fuerzas de Che Guevara y con otras unidades revolucionarias. La mayoría de sus dirigentes se unieron a la contrarrevolución después de 1959.

Sékou Touré, Ahmed (1922–1984) – Dirigente de la lucha independentista contra Francia en lo que es hoy la República de Guinea, capital Conakry. Pasó a ocupar la presidencia del país tras la independencia en 1958, cargo que ejerció hasta su muerte.

SWAPO (Organización Popular del África Sudoccidental) – Movimiento de liberación nacional formado en 1960 para luchar por la independencia de Namibia del régimen colonial sudafricano. Peleó junto a las fuerzas cubano-angolanas en el sur de Angola. Ha encabezado el gobierno namibio desde la independencia en 1990.

Tito, Josip Broz (1892–1980) – Jefe del Partido Comunista de Yugoslavia desde 1939. Dirigió el movimiento partisano contra la ocupación nazi durante la Segunda Guerra Mundial, 1941–45. Primer ministro y luego presidente de Yugoslavia, 1945–80.

Tolón, José (Lai Wa) – Oficial del ejército independentista cubano nacido en China, quien luchó en las tres guerras cubanas contra el régimen colonial español. Alcanzó el grado de capitán.

Torres, Félix (n. 1917) – Estuvo al mando de una columna guerrillera del PSP en Yaguajay, al norte de Las Villas; colaboró con la columna de Camilo Cienfuegos del Ejército Rebelde a finales de 1958.

Trejo, Rafael (1910–1930) – Presidente de la Facultad de Derecho de la Universidad de La Habana. Asesinado por la policía el 30 de septiembre de 1930, durante una manifestación contra la dictadura de Machado.

Tribunales de Urgencia – Creados en junio de 1934 bajo el primer régimen de Batista, estos tribunales fueron establecidos para procesar a los infractores políticos, y fueron utilizados contra los opositores de Batista. Fueron abolidos tras el triunfo de la revolución.

UNITA (Unión Nacional para la Independencia Total de Angola) – Fundada en 1966 como movimiento de lucha contra el régimen colonial portugués, dirigida por Jonas Savimbi. En 1975, conforme el régimen colonial se derrumbaba, la UNITA se alió con la Sudáfrica del apartheid y con el imperialismo norteamericano en un intento de derrocar al gobierno del país recién independizado, dirigido por el Movimiento Popular para la Liberación de Angola (MPLA). En los siguientes 25 años, la UNITA libró una guerra terrorista contra el gobierno angolano, matando a cientos de miles. Tras un acuerdo de paz, la UNITA participó en las elecciones en 1992, pero repudió los resultados, reanudando la guerra civil. Un mes después de que Savimbi muriera en una emboscada en febrero de 2002, la UNITA firmó un cese el fuego con el gobierno angolano.

Valdés, Ramiro (n. 1932) – Chofer de camiones y carpintero, participó en el asalto al Moncada en 1953. Fue condenado a 10 años de prisión. Excarcelado en mayo de 1955 después de una campaña de amnistía. Expedicionario del *Granma*. Fue segundo al mando en la Columna 4 del Ejército Rebelde en la Sierra Maestra, posteriormente llegó a comandante, y fue segundo al mando de la Columna 8 de Guevara en Las Villas. Ministro del interior, 1961–68, 1979–85. Miembro del Comité Central del Partido Comunista desde 1965, del Buró Político, 1965–86. Uno de tres combatientes de la sierra que ostentan el grado de Comandante de la Revolución.

Van Heerden, Neil (n. 1939) – Director general del Ministerio de Asuntos Exteriores de la Sudáfrica del apartheid en los años 80. Participó en las negociaciones con Cuba y Angola en torno al fin de la guerra de Angola. Desde 1996 a 2005 fue director ejecutivo de la Fundación Sudafricana, que representa 60 de las principales empresas capitalistas.

Villegas, Harry (*Pombo*) (1940–) – Se incorporó al Ejército Rebelde en 1957, llegando a ser miembro de la escolta de Che Guevara en las columnas 4 y 8. Estuvo con Guevara en el Congo, 1965, y después en Bolivia, donde formó parte del estado mayor del movimiento guerrillero. Después que Guevara fue muerto en octubre de 1967, estuvo al mando de los combatientes que sobrevivieron y eludieron el cerco del ejército boliviano, retornando a Cuba en marzo de 1968. Cumplió misión tres veces en Angola en las décadas de 1970 y 1980. General de brigada (retirado) en las Fuerzas Armadas Revolucionarias, miembro del Comité Central del Partido Comunista y diputado de la Asamblea Nacional. Vicepresidente ejecutivo de la Asociación de Combatientes de la Revolución Cubana, encabeza su secretaría de Trabajo Patriótico-Militar e Internacionalista. En 1995 recibió el título de Héroe de la República de Cuba.

Welles, Benjamin Sumner (1892–1962) – Subsecretario de es-

tado norteamericano enviado por Roosevelt como embajador
ante Cuba en 1933 para organizar el traspaso de poder del
dictador Gerardo Machado y poner fin al auge revolucionario.
Sus esfuerzos llevaron a la creación del gobierno pro imperialista de Céspedes, que fue derrocado a las pocas semanas.

Wong, José (Huan Tao Pai) (h. 1898–1930) – Revolucionario de
Cantón, China, llegó a Cuba alrededor de 1927 y pasó a ser
dirigente de la Alianza Protectora de Obreros y Campesinos,
basada en la comunidad china. Se unió al Partido Comunista
de Cuba y fundó un periódico en chino *Gunnun Hushen* (Grito
Obrero-Campesino), del cual fue su director. En mayo de 1930
fue arrestado y puesto en prisión en el Castillo del Príncipe
en La Habana junto a otros dirigentes del Partido Comunista.
Tres meses después, en un asesinato político planificado, fue
estrangulado en la cárcel por agentes de Machado.

Índice

HA COMENZADO EL INVIERNO LARGO Y CALIENTE DEL CAPITALISMO

JACK BARNES

Ha comenzado uno de los inviernos largos y poco frecuentes del capitalismo, explica Jack Barnes. Hemos entrado a las primeras etapas de lo que van a ser décadas de crisis económicas y sociales y batallas de clases. "Al acelerarse la marcha del imperialismo hacia la guerra, va a ser un invierno largo y caliente. Y, lo que es más importante, será un invierno que, de forma lenta pero segura y explosiva, engendrará una resistencia de un alcance y profundidad no antes vistos por militantes de disposición revolucionaria en el mundo de hoy". *Nueva Internacional* no. **6 incluye:** "Su transformación y la nuestra", resolución política mundial de 2005 del Partido Socialista de los Trabajadores, y "Crisis, auge y revolución: informes de 1921 por V.I. Lenin y León Trotsky". US$16

NUESTRA POLÍTICA EMPIEZA CON EL MUNDO

JACK BARNES

Las enormes desigualdades económicas y culturales que existen entre los países imperialistas y los semicoloniales, y entre las clases dentro de casi todos los países, son producidas, reproducidas y acentuadas por el funcionamiento del capitalismo. Para que los trabajadores de vanguardia forjemos partidos capaces de dirigir una exitosa lucha revolucionaria por el poder en nuestros propios países, dice Jack Barnes, nuestra actividad debe guiarse por una estrategia para cerrar esa brecha. "Somos parte de una clase internacional que no tiene patria. Eso no es una consigna. No es un imperativo moral. Es reconocer la realidad de clase de la vida económica, social y política en la época imperialista". *Nueva Internacional* no. **7 incluye:** "Agricultura, ciencia y las clases trabajadoras" por Steve Clark y "Capitalismo, trabajo y naturaleza" un intercambio entre Richard Levins y Steve Clark. US$14

Nueva Internacional

UNA REVISTA DE POLÍTICA Y TEORÍA MARXISTAS

NUEVA INTERNACIONAL NO. 5

El imperialismo norteamericano ha perdido la Guerra Fría

Jack Barnes

Al contrario de las expectativas imperialistas al comienzo de los años 90, tras el colapso de regímenes que afirmaban ser comunistas, los trabajadores y agricultores en toda Europa oriental y la Unión Soviética no han sido aplastados. Y las relaciones sociales capitalistas no han sido estabilizadas. El pueblo trabajador de todo el mundo sigue siendo un obstáculo tenaz al avance del imperialismo, obstáculo que los explotadores tendrán que enfrentar en batallas de clases y con guerra. US$15

NUEVA INTERNACIONAL NO. 1

Los cañonazos iniciales de la tercera guerra mundial: el ataque de Washington contra Iraq

Jack Barnes

El ataque asesino de 1990–91 contra Iraq anunció conflictos cada vez más agudos entre las potencias imperialistas, una creciente inestabilidad del capitalismo internacional y la expansión de guerras y preparativos de guerras. US$16

¿Tiene un amigo, compañero de trabajo o familiar cuya primera lengua es el inglés, el francés, el sueco o el islandés? De ser así, muchos de los artículos de **Nueva Internacional** *se encuentran en* **New International, Nouvelle Internationale, Ny International** *y* **Nýtt Alþjóðlegt.** *Algunos se encuentran también en farsi y griego. Vea la lista completa en www.pathfinderpress.com*

NUEVA INTERNACIONAL NO. 3

El ascenso y el ocaso de la revolución nicaragüense

Basado en 10 años de periodismo socialista desde Nicaragua, este número especial recuenta los logros de la revolución nicaragüense de 1979 y el impacto que tuvo a nivel internacional. Explica el repliegue político de la dirección del Frente Sandinista de Liberación Nacional que llevó a la caída del gobierno de trabajadores y campesinos a fines de los 80. Documentos del Partido Socialista de los Trabajadores. US$16

NUEVA INTERNACIONAL NO. 2

Che Guevara, Cuba y el camino al socialismo

Artículos por Ernesto Che Guevara, Carlos Rafael Rodríguez,
Carlos Tablada, Mary-Alice Waters, Steve Clark, Jack Barnes

Intercambios de principios de los años 60 y del periodo actual sobre las perspectivas políticas que Che Guevara reivindicó al ayudar a dirigir al pueblo trabajador en la transformación de las relaciones económicas y sociales en Cuba. US$13

NUEVA INTERNACIONAL NO. 4

La marcha del imperialismo
hacia el fascismo y la guerra

Jack Barnes

"Habrá nuevos Hitlers, nuevos Mussolinis. Eso es inevitable. Lo que no es inevitable es que triunfen. La vanguardia obrera organizará a nuestra clase para combatir el terrible precio que nos imponen los patrones por la crisis capitalista. El futuro de la humanidad se decidirá en la contienda entre estas dos fuerzas enemigas de clase". US$15

China y la Revolución China

Marx y Engels sobre China y las Guerras del Opio

"Antes que transcurran muchos años, vamos a ser testigos de la lucha mortal del imperio más viejo del mundo y del primer día de una nueva época para toda Asia".

Artículos por Carlos Marx y Federico Engels de la década de 1850 sobre la expoliación europea de China, las Guerras del Opio libradas por las potencias coloniales, y el lugar que ocupan en la acumulación mundial de capital la riqueza y fuerza de trabajo arrebatadas a China. *Acerca del colonialismo*, US$7

En inglés, en los tomos 15 y 16 de las Obras Completas de Marx y Engels, US$35 cada uno.

Habla Malcolm X

"El pueblo de China se cansó de sus opresores y se alzó. Era fácil decir que las probabilidades estaban en su contra. Cuando Castro estaba en las montañas de Cuba le decían que las probabilidades estaban en su contra. El tiempo está a favor de los oprimidos; está contra el opresor".

En discursos y entrevistas, Malcolm X presenta una perspectiva mundial revolucionaria y aborda el curso proimperialista de los partidos demócrata y republicano, los derechos de la mujer, la intervención norteamericana en el Congo y Vietnam, las revoluciones cubana y china, capitalismo y socialismo, y más. US$19

Lenin's Struggle for a Revolutionary International

DOCUMENTS, 1907–1916;
THE PREPARATORY YEARS

(La lucha de Lenin por una Internacional revolucionaria. Documentos, 1907–1916. Los años preparatorios)

Recoge la batalla política dirigida por V.I. Lenin en la década anterior a la Revolución Rusa de 1917 por una trayectoria revolucionaria para oponerse a la guerra imperialista organizándose para dirigir a los trabajadores y agricultores a derrocar a los gobernantes capitalistas. Incluye cómo los revolucionarios proletarios respondieron a comienzos del siglo XX a aquellos que en el movimiento socialista mundial se oponían a que se abrieran las puertas a la inmigración china y japonesa hacia América y Europa. En inglés. US$35.95

Leon Trotsky on China

(León Trotsky sobre China)

Artículos y cartas sobre la revolución china de 1925–27. Trotsky recoge la lucha por revertir el desastroso curso de la Internacional Comunista encabezada por Stalin de subordinar el Partido Comunista a una alianza con el Partido Nacionalista (Kuomintang) chino, el partido latifundista-capitalista. En inglés. US$34.95

CUBA Y ÁFRICA

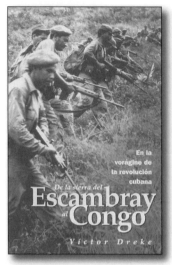

De la sierra del Escambray al Congo

En la vorágine de la Revolución Cubana

VÍCTOR DREKE

El autor describe cuán fácil resultó, tras la victoria de la Revolución Cubana, "quitar la soga" que segregaba a los negros de los blancos en la plaza del pueblo y, sin embargo, lo enorme que resultó la batalla para transformar las relaciones sociales que subyacían bajo todas las "sogas" heredadas del capitalismo y de la dominación yanqui. Dreke, segundo al mando de la columna internacionalista en el Congo dirigida por Che Guevara en 1965, habla del gozo creador con que el pueblo trabajador cubano ha defendido su trayectoria revolucionaria: desde la sierra del Escambray en Cuba, hasta África y más allá. US$17

In Defense of Socialism

(En defensa del socialismo)

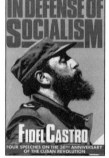

En cuatro discursos ofrecidos en 1989–90 al pueblo de Cuba y al mundo, Castro explica que el progreso económico y social no solo es posible sin la competencia entre lobos del capitalismo, sino que el socialismo sigue siendo el único camino a seguir para la humanidad. Presenta un relato completo de la batalla de Cuito Cuanavale y del lugar decisivo que ocuparon los combatientes voluntarios cubanos en la última etapa de la lucha en Angola contra las fuerzas invasoras del régimen del apartheid sudafricano. En inglés. US$15

Junto a Che Guevara

Entrevistas a Harry Villegas (Pombo)

HARRY VILLEGAS

Villegas trabajó y luchó durante una década al lado de Ernesto Che Guevara: en Cuba, el Congo y Bolivia. Un general de brigada en las Fuerzas Armadas Revolucionarias de Cuba, habla de las luchas en las que ha participado a lo largo de cuatro décadas y explica la importancia del legado político de Guevara para una nueva generación en el mundo. US$4

¡Qué lejos hemos llegado los esclavos!

Sudáfrica y Cuba en el mundo de hoy

NELSON MANDELA, FIDEL CASTRO

Hablando juntos en Cuba en 1991, Mandela y Castro hablan sobre el lugar que en la historia de África ocupa la victoria cubana y angolana en la batalla de Cuito Cuanavale, y su aceleración de la lucha por derribar el apartheid en Sudáfrica. US$11

Cuba's Internationalist Foreign Policy, 1975–80

(Política exterior internacionalista de Cuba, 1975–80)

FIDEL CASTRO

Castro aborda el primer año de la misión internacionalista cubana en Angola en 1975–76, y su misión militar en Etiopía. Explica la importancia histórica de las victorias revolucionarias de los trabajadores y agricultores en Granada y Nicaragua en 1979; las relaciones con los cubanos residentes en Estados Unidos y el internacionalismo proletario que guía a la política exterior del gobierno cubano. En inglés. US$21.95

Los diarios de la guerra revolucionaria en el Congo

ERNESTO CHE GUEVARA

El recuento de Guevara presenta las lecciones centrales del contingente voluntario cubano que peleó al lado de las fuerzas antiimperialistas en el Congo en 1965 y aborda las perspectivas para la lucha revolucionaria en África. En inglés. (Grove Press) US$14.95

LA TRANSFORMACIÓN DE LA NATURALEZA

El manifiesto comunista

Carlos Marx y Federico Engels

El documento de fundación del movimiento obrero moderno, publicado en 1848. Solo cuando la clase trabajadora haya conquistado el poder de los explotadores capitalistas, podrá la humanidad descubrir la inmensidad de "las fuerzas productivas que dormitan en el seno del trabajo social". US$5

El papel del trabajo en la transición del simio al hombre

Federico Engels

El dominio de la naturaleza por los seres humanos, escribe Engels en este artículo de 1876, consiste en el hecho que, "a diferencia de los demás seres, somos capaces de conocer sus leyes y de aplicarlas correctamente". Para hacerlo, "hace falta una revolución que transforme por completo el modo de producción existente hasta hoy día y, con él, el orden social vigente". En *Obras escogidas* de Carlos Marx y Federico Engels en dos tomos. US$35

Crítica del Programa de Gotha

Carlos Marx

"El trabajo *no es la fuente* de toda riqueza. La *naturaleza* es la fuente de los valores de uso... ni más ni menos que el trabajo, que no es más que la manifestación de una fuerza natural, de la fuerza de trabajo del hombre". En *Obras escogidas* de Carlos Marx y Federico Engels en dos tomos. US$35

POR
EL TRABAJO

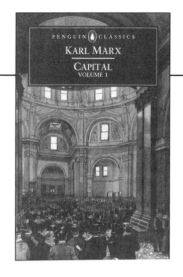

Capital
(EL CAPITAL)
Carlos Marx

El trabajo, escribe Marx, "un proceso entre el hombre y la naturaleza, un proceso en que...al operar...sobre la naturaleza exterior a él y transformarla, transforma a la vez su propia naturaleza". Marx explica el funcionamiento del sistema capitalista y cómo produce las contradicciones irresolubles que engendran la lucha de clases. Demuestra la inevitabilidad de la lucha por la transformación revolucionaria de la sociedad en una regida por primera vez por la mayoría productora: la clase trabajadora. En inglés. Vol. 1, US$14.95; vol. 2, US$13.95; vol. 3, US$14.95.

Problems of Everyday Life
(PROBLEMAS DE LA VIDA COTIDIANA)
León Trotsky

Artículos de la prensa soviética en sus primeros años sobre temas sociales y culturales en la lucha por forjar nuevas relaciones sociales. El avance de la cultura, señala Trotsky, requiere un creciente nivel de desarrollo científico, tecnológico e industrial para "liberar a la humanidad de una dependencia de la naturaleza que es degradante": un objetivo que solo se puede completar cuando las relaciones sociales estén "libres de misterios y no opriman al pueblo". En inglés. US$29

CUBA

Y LA REVOLUCIÓN SOCIALISTA EN NUESTRA ÉPOCA

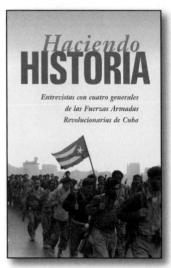

Haciendo historia

Entrevistas con cuatro generales de las Fuerzas Armadas Revolucionarias de Cuba

Este libro de entrevistas con cuatro destacados generales cubanos —Néstor López Cuba, Enrique Carreras, José Ramón Fernández y Harry Villegas— complementa a *Nuestra historia aún se está escribiendo*. A través de estas historias, que captan cerca de medio siglo de actividad revolucionaria, podemos ver la dinámica de clases que ha dado forma a la Revolución Cubana y al mundo. US$15.95

Pasajes de la guerra revolucionaria

ERNESTO CHE GUEVARA

Relato testimonial de los sucesos políticos y las campañas militares que culminaron en la insurrección popular de enero de 1959 que derrocó a la dictadura de Batista. Con claridad y sentido del humor, Che Guevara describe su propia educación política. Explica cómo la lucha transformó a los hombres y mujeres del Ejército Rebelde y del Movimiento 26 de Julio abriendo la puerta a la primera revolución socialista en América. US$15

Aldabonazo

En la clandestinidad revolucionaria cubana, 1952–58

ARMANDO HART

En este relato por uno de los dirigentes históricos de la Revolución Cubana, conocemos a los hombres y las mujeres que en los años 50 dirigieron la clandestinidad urbana en la lucha contra la tiranía batistiana respaldada por Washington. Junto a sus compañeros de armas del Ejército Rebelde, hicieron más que derrocar a la dictadura. Sus acciones y su ejemplo revolucionarios a nivel mundial cambiaron la historia del siglo XX . . . y la del siglo que viene. US$25

www.pathfinderpress.com

Playa Girón / Bahía de Cochinos

Primera derrota militar de Washington en América

FIDEL CASTRO, JOSÉ RAMÓN FERNÁNDEZ

En menos de 72 horas de combate en abril de 1961, las fuerzas armadas revolucionarias de Cuba derrotaron una invasión de 1500 mercenarios organizada por Washington. Al hacerlo, el pueblo cubano sentó un ejemplo para los trabajadores, agricultores y jóvenes en todo el mundo: que dotados de conciencia política, solidaridad de clase, valor indoblegable y una dirección revolucionaria, es posible hacer frente a un poderío enorme y a probabilidades aparentemente irreversibles *y vencer.* US$20

Cuba y la revolución norteamericana que viene

JACK BARNES

"Primero se verá una revolución victoriosa en los Estados Unidos que una contrarrevolución victoriosa en Cuba". Ese juicio, planteado por Fidel Castro en 1961, es hoy tan correcto como cuando se enunció. Este libro trata sobre la lucha de clases en Estados Unidos, donde hoy día las fuerzas gobernantes descartan las capacidades revolucionarias de los trabajadores y agricultores de forma tan rotunda como descartaron las del pueblo trabajador cubano. Y de forma igualmente errada. US$13

Dynamics of the Cuban Revolution

(Dinámica de la Revolución Cubana: una interpretación marxista)

JOSEPH HANSEN

¿Cómo se produjo la Revolución Cubana? ¿Por qué representa, según plantea Hansen, un "desafío intolerable" para el imperialismo norteamericano? ¿Qué obstáculos políticos ha tenido que superar? Escrito conforme avanzaba la revolución desde sus primeros días. En inglés. US$22.95

Octubre de 1962

TOMÁS DIEZ ACOSTA

En octubre de 1962, Washington llevó al mundo al borde de la guerra nuclear. Aquí se narra la historia completa de ese momento histórico desde la óptica del pueblo cubano, cuya determinación de defender la soberanía de su país y su revolución socialista bloqueó los planes estadounidenses de lanzar un ataque militar y salvó a la humanidad de las consecuencias de un holocausto nuclear. US$17

El rostro cambiante
de la política en Estados Unidos
La política obrera y los sindicatos
JACK BARNES

De la construcción del tipo de partido que el pueblo trabajador
necesita para las batallas de clases que vienen: a través de las cuales se va a organizar y va a
fortalecer los sindicatos, a medida que se revolucione a sí mismo y a toda la sociedad. Es una
guía para aquellos a quienes repugnan las iniquidades sociales, el racismo, la opresión de la
mujer, la violencia policiaca y las guerras inherentes al capitalismo, para quienes buscan la
vía hacia la acción eficaz para derrocar ese sistema de explotación y unirse para reconstruir
el mundo sobre bases nuevas, socialistas. US$23

El desorden mundial del capitalismo
Política obrera al milenio
JACK BARNES

La devastación social y pánicos financieros, la creciente aspereza de
la política, la brutalidad policiaca y los actos de agresión imperialista que se aceleran a nuestro alrededor: todos ellos son producto
no de algo que ha funcionado mal con el capitalismo, sino de sus
fuerzas reglamentadas. Sin embargo, el futuro se puede cambiar
con la lucha unida y la acción desinteresada de trabajadores y agricultores que estén conscientes de su capacidad. US$24

En defensa del marxismo
*Las contradicciones sociales y políticas de la Unión
Soviética en la víspera de la Segunda Guerra Mundial*
LEÓN TROTSKY

Al escribir en 1939–40, Trotsky responde a elementos dentro del
movimiento obrero revolucionario que se replegaban de la defensa de la Unión Soviética ante el ataque imperialista que se cernía.
Explica por qué sólo un partido que luche por integrar a números
crecientes de trabajadores a sus filas y a su liderazgo puede mantener un curso revolucionario firme. US$25

www.pathfinderpress.com

  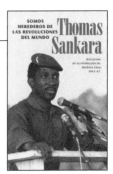

La última lucha de Lenin
Discursos y escritos, 1922–23
V.I. LENIN

A comienzos de los años 20, Lenin libró una batalla política en la dirección del Partido Comunista de la URSS a fin de mantener la trayectoria que había permitido a los trabajadores y campesinos derrocar el imperio zarista, emprender la primera revolución socialista, y comenzar a construir un movimiento comunista mundial. Las cuestiones planteadas en esta lucha —desde la composición de clase de la dirección, hasta la alianza obrero-campesina y la batalla contra la opresión nacional— siguen siendo fundamentales a la política mundial. US$21.95

Rebelión Teamster
FARRELL DOBBS

Las huelgas de 1934 que forjaron el movimiento sindical industrial en Minneapolis y ayudaron a allanar el camino para el ascenso del Congreso de Organizaciones Industriales (CIO), relatadas por un dirigente central de esa batalla. El primero de cuatro tomos sobre el liderazgo de lucha de clases de las huelgas y campañas de sindicalización que transformaron el sindicato de los Teamsters en gran parte del Medio Oeste norteamericano en un movimiento social combativo y señalaron el camino hacia la acción política independiente del movimiento obrero. US$19

Somos herederos de las revoluciones del mundo
Discursos de la revolución de Burkina Faso, 1983–87
THOMAS SANKARA

La dominación colonial e imperialista ha dejado un legado de hambre, analfabetismo y atraso económico en África. En 1983 los campesinos y trabajadores de Burkina Faso establecieron un gobierno popular revolucionario y comenzaron a combatir las causas de esa devastación. Sankara, quien dirigió esa lucha, explica el ejemplo ofrecido para toda África. US$7

La emancipación de la mujer y la lucha africana por la libertad
THOMAS SANKARA

No existe una verdadera revolución social sin la liberación de la mujer, explica Sankara, dirigente de la revolución de 1983–87 en el país africano occidental de Burkina Faso. US$5

La revolución traicionada
¿Qué es y adónde se dirige la Unión Soviética?
LEÓN TROTSKY

En 1917 la clase trabajadora y el campesinado de Rusia fueron la fuerza motriz de una de las revoluciones más profundas de la historia. Sin embargo, al cabo de 10 años, una capa social privilegiada cuyo principal vocero era José Stalin estaba consolidando una contrarrevolución política. Este estudio clásico del estado obrero soviético y de su degeneración ilumina el origen de la crisis que hoy sacude a los países de la antigua Unión Soviética. US$22.95

Democracia y revolución
GEORGE NOVACK

De las limitaciones y avances de las diversas formas de democracia en la sociedad de clases, desde su origen en la Grecia antigua hasta su ascenso y caída bajo el capitalismo. Discute el surgimiento del bonapartismo, la dictadura militar y el fascismo, y cómo la democracia ha de avanzar bajo un régimen de trabajadores y agricultores. US$21.95

Wall Street enjuicia al socialismo
JAMES P. CANNON

Las ideas básicas del socialismo, explicadas en el testimonio durante el juicio contra 18 dirigentes del sindicato de los Teamsters en Minneapolis y del Partido Socialista de los Trabajadores, a quienes les fabricaron cargos y pusieron en prisión bajo la notoria Ley Smith "de la mordaza", durante la Segunda Guerra Mundial. US$16

El imperialismo, fase superior del capitalismo
V.I. LENIN

"Querría abrigar la esperanza de que mi folleto ayudará a orientarse en el problema económico fundamental, sin cuyo estudio es imposible comprender nada cuando se trata de emitir un juicio sobre la guerra y la política actuales: el problema de la esencia económica del imperialismo", escribió Lenin en 1917. US$10

PATHFINDER EN EL MUNDO

Visite nuestro sitio web para una lista completa
de títulos y hacer pedidos

www.pathfinderpress.com

DISTRIBUIDORES DE PATHFINDER

Estados Unidos
(y América Latina, el Caribe y el este de Asia)
> Libros Pathfinder, 306 W. 37th St., 10⁰ piso,
> Nueva York, NY 10018

Canadá
> Pathfinder, 2238 Dundas St. West, Suite 201,
> Toronto, ON M6R 3A9

Reino Unido
(y Europa, África, Oriente Medio y el sur de Asia)
> Libros Pathfinder, primer piso, 120 Bethnal Green Road
> (entrada en Brick Lane), Londres E2 6DG

Suecia
> Pathfinder böcker, Bildhuggarvägen 17, S-121 44 Johanneshov

Islandia
> Pathfinder, Skolavordustig 6B, Reikiavik
> Dirección postal: P. Box 0233, IS 121 Reikiavik

Australia
(y el sureste de Asia y Oceanía)
> Pathfinder, 1ᵉʳ nivel, 3/281-287 Beamish St., Campsie, NSW 2194
> Dirección Postal: P.O. Box 164, Campsie, NSW 2194

Nueva Zelanda
> Pathfinder, 7 Mason Ave. (planta alta), Otahuhu, Auckland
> Dirección Postal: P.O. Box 3025, Auckland

Afíliese al Club de Lectores Pathfinder
para obtener 15% de descuento en todos
los títulos de la Pathfinder y mayores descuentos en ofertas especiales. Inscríbase
en www.pathfinderpress.com o a través
de los distribuidores listados arriba.